经典悦读
系列丛书典藏版
经典新时代 悦读新思想

资本的秘密

—— 马克思《资本论》（第一卷）如是读

陈培永 ◎ 著

SPM
南方出版传媒
广东人民出版社
·广州·

图书在版编目（CIP）数据

资本的秘密：马克思《资本论》（第一卷）如是读／陈培永著．—广州：广东人民出版社，2014.8（2020.9重印）

（经典悦读系列丛书）

ISBN 978-7-218-09543-1

Ⅰ．①资…　Ⅱ．①陈…　Ⅲ．①《资本论》—马克思著作研究　Ⅳ．①A811.23

中国版本图书馆CIP数据核字（2014）第174841号

ZIBEN DE MIMI——MAKESI《ZIBENLUN》（DIYIJUAN）RUSHIDU

资本的秘密——马克思《资本论》（第一卷）如是读
陈培永　著　　　　　　　　　　　　　版权所有　翻印必究

出 版 人：肖风华

出版策划：卢家明　曾玉寒
责任编辑：曾玉寒　伍茗欣
封面设计：李桢涛
插画绘图：孙　晔
责任技编：吴彦斌　周星奎

出版发行：广东人民出版社
地　　址：广州市海珠区新港西路204号2号楼（邮政编码：510300）
电　　话：(020) 85716809（总编室）
传　　真：(020) 85716872
网　　址：http://www.gdpph.com
印　　刷：广东鹏腾宇文化创新有限公司
开　　本：889毫米×1194毫米　1/32
印　　张：6.75　字　数：200千
版　　次：2014年8月第1版
印　　次：2020年9月第6次印刷
定　　价：28.00元

如发现印装质量问题，影响阅读，请与出版社（020-85716849）联系调换。
售书热线：(020) 85716826

目 录

导言　感悟《资本论》…………………… 1

一、入门的向导………………………… 9

二、商品的玄妙………………………… 28

三、货币的魔术………………………… 55

四、资本的出场………………………… 84

五、生产的过程………………………… 106

六、工资的本质………………………… 145

七、积累的真相………………………… 166

结语　未来的想象……………………… 196

后　记…………………………………… 208

导言 感悟《资本论》

一个人，一辈子，一套书，简单又复杂，平凡又神奇。

马克思是一个伟大的思想家，而见证他的伟大，很重要一点就是他写了《资本论》。

为了此书，马克思从1843年，也就是他25岁开始，直到1883年逝世，历时40年。其间饱受生活之苦，劳累之伤，疾病之困，思绪之烦。

这一未完成的、后来被分成四卷本的鸿篇巨制，可以说是马克思毕生研究的智慧成果，是凝聚马克思全部心血的文本，是马克思思想理论的百科全书。

可惜的是，马克思生前只看到了1867年第一卷的出版，其他三卷在他去世11年后才经整理后最终出齐。

我们应该感到很幸运，不是去写《资本论》，而是去读《资本论》。

试想一下，谁又能付出如此艰辛，谁又能忍受如此折磨，写下数不清的笔记，完成300多万字的、有可能永远都不会公开发表的书稿？

对他的辛苦最好的回报，也许就是《资本论》的深远影响。40年的写作，影响的却是他之后的所有时代，这样看，值了；一个人的写作，影响的却是数之不尽的人，这样看，也值了。

《资本论》究竟是一部什么样的书，值得马克思为它奉献终生，值得后世之人一遍又一遍地去解读？我想先用几句话来强调它的重要性：

不读《资本论》，不会知道什么叫"鸿篇巨制"！

不读《资本论》，不会懂得什么样的书才算"百科全书"！

不读《资本论》，不会想到理论原来也能如此"构思绝妙"！

不读《资本论》，不会理解思想何以能被贯之以"伟大"之名！

不读《资本论》，不会明白有套学说竟与我们所生存的社会如此接近！

《资本论》是能让人凸显愚蠢与无知的书。

当下的中国,总有些人认为马克思落伍了,《资本论》过时了,与现实社会有着遥远的距离。他们耳闻马克思,目睹《资本论》,就会莫名地反感,甚至武断地予以否定。

殊不知,有这么一种思想家,当你宣称他的时代已经远去,他反倒会一次次地重装归来。有这么一种书,当你说它已经没有生命力了,它反倒会一次又一次地被人反复拾起。

马克思就是这样的思想家,《资本论》就是这样的书。

人最狂妄的愚蠢,就是从来没有读过或者没有读懂过一本书,却在那儿叫嚣它是多么的乱七八糟。人最悲催的无知,就是本来与思想巨人差距甚远,却在那儿武断地否定思想巨人的思想。

没读过马克思的书,没有达到马克思的高度,就去批判马克思,就去否定《资本论》的思想,这不是愚蠢和无知吗?

《资本论》是会让很多人爱恨交织的书。

爱它,是因为它妙语频出,内含着思想的宝藏,给我们带来阅读的快感;恨它,是因为它博引精深,让人难以窥其堂奥，给我们带来阅读的折磨。

《资本论》摆在案头，可能很多人曾不止一次地想去读，也曾不止一次地翻开它，又曾不止一次地放弃它。

当求知的欲望，遭遇到晦涩的语句，不免让人反反复复，来来去去。

梅花香自苦寒来。要想品味文之悦，感受思之魅，不拿出真功夫，不好好琢磨一番，断然难以闻其芳香。

马克思积40年之功，用超于常人的毅力和精神完成《资本论》，作为读者的我们，不拿出一定的毅力和精神，怎么可能拨开云雾见真知呢？

玄之又玄，众妙之门。没有"玄"，就难触碰到"妙"。阅读《资本论》的过程，其实正是读者感受玄妙的过程。

相信在品味一个又一个玄妙的同时，我们的理性思考能力，一定会得到无形的提升，我们对社会的认知，一定会越来越清晰。

《资本论》是生活在当下的我们不得不读的书。

套用一句话来说：平生不读《资本论》，书读万卷也枉然。

我们生活在商品、货币、资本的时代，每天购买大量商品，想要赚更多的钱，欣然于投资理财，感叹于资本的魔力。我们在忙碌地追求它们，可我们并不知道它们到底是什么。

《资本论》分析的线索是：从商品，到货币，再到资本。它探讨的中心论题是：我们的社会，我们的生活，为何会被人自己创造的东西所操控？

读懂《资本论》，读懂当下社会。我们关于现实社会的困惑，会在《资本论》中找到一些答案。它会启发我们透过资本的逻辑，看透资本的秘密，弄懂现代经济社会运行的规律。

时势造英雄。中国的时势，资本运营的深入，市场经济的运行，让我们有机会看到马克思的时代价值，让我们有能力真正读懂《资本论》。

我们相信，阅读《资本论》，在中国早晚会或已经成为一种时尚，现在的我们所需要做的，就是赶上这个潮流。

读透《资本论》，你可能还会发现，它更像是一部由马克思导演的电影，或者说它就是由马克思所写的电影剧本。

读透《资本论》，你可能还会发现，它更像是一部由马克思导演的电影，或者说它就是由马克思所写的电影剧本。

这个电影剧本根据真实的故事创作,娓娓道出关于资本的故事。

在序言和跋中,马克思选定了这个剧本的主角是资本,明确了写这个剧本的目的,说明了讲述这个故事将采用的方法。

在第一篇中,马克思从商品、货币开始,讲述资本这个主角的前身。就像写一个大人物的传记,要从大人物的出生、成长开始写起。

在第二篇中,作为主角的资本华丽出场了。货币购买了劳动力,化蛹为蝶,转化为资本。大人物长大啦,他站了出来,为接下来的行动做好了铺垫。

在第三至五篇中,资本展开行动,进行剩余价值的生产。马克思讲述了资本如何生产的内幕,揭示了资本生产的惊天秘密。这是高潮部分,前面的铺垫,终于迎来了第一波高潮。

在第六篇中,马克思讲述资本的对手——劳动力的生存状况。剧本中有两个主角,反派角色是资本,正面人物是劳动力。与资本的风光相比,劳动力依靠工资卑微地活着。

在第七篇中,资本反复的行动,反复的生产,进行着不断的积累。这是剧本的又一波高潮。马克思总结了资本积累的规律,图绘了资本的来龙去脉,回顾了资本来到世间的残酷,预判了资本的未来走向。

关于资本的故事,到此暂时告一段落。整个电影剧本中心突出,思路清晰,画面波澜壮阔,风起云涌,故事惊心动魄,高潮迭起,表达的思想深邃独到,寓意深刻。最为重要的是,它讲述的还是我们身边的故事。

马克思在精彩绝伦的故事中,将资本不能说的秘密公之于众。我们作为读者,一旦读懂其深意,必然会恍然大悟。

这本小册子将全景展现马克思所讲的故事,《资本论》中每一章节的内容都将被简洁化、通俗化地重述。我力求按照大众化的要求,进行时代化的解读,生活化的阐释,适当发挥性的分析。

就请随这本小册子,真正读懂《资本论》,读懂现代社会的玄机吧!

一、入门的向导

（序言和跋）

打开《资本论》，首先要读的是七篇序言和跋。

序言和跋，表述直白，不乏妙句，是《资本论》的入门向导，有提纲挈领之用，对于把握整个剧本的总体构思，颇有价值。

马克思在此提出并回答的问题是：整本书聚焦的对象是什么？他要达到的目的是什么？他将要采用什么样的方法？

这些问题有助于我们思考：《资本论》与当代中国社会的关联性何在？如何看待现代经济社会运行的规律？如何把握分析现实社会的方法论？

1

读一本书，要先搞清楚它的研究对象。读懂马克思，要先知道他给自己设定的对手。

马克思很明确，《资本论》要研究的是：资本主义生产方式以及和它相适应的生产关系和交换关系。

在不同的历史阶段，生产力的发展程度不同，人的生产劳动采用不同的组织形式，人们结成不同的生产关系与交换关系。马克思要剖析在一个特殊的历史阶段，即资本作为推动经济社会发展主导力量的阶段，社会的生产劳动形式，人们在生产中的关系，人与人之间的交换关系。

我们要避免一种天真的想法，即认为马克思生活的社会与我们今天的时代，存在着十分遥远的距离。马克思所研究的对象与中国社会风马牛不相及，没有任何关联。

读《资本论》，如果只是为了了解一下当时英国的生产方式，去看看资本主义社会的黑暗世界，资本家如何残酷地剥削工人，那读《资本论》的意义就会大打折扣。

马克思是以当时的英国为例证来写作《资本论》的。那时的他就预感到，德国读者会自认为德国与英国不同，《资本论》中写的事在德国是没有的，也是不会出现的。

面对如此的自我假想，马克思有针对性地回应：工业较发达的国家向工业较不发达的国家所显示的，只是后者未来的景象。

马克思要说的是，英国的今天，就是德国的明天。不要说与己无关，高高挂起，德国一定会重演英国的故事。

这句话，可能并不只是针对德国一个国家的，也是针对世界上其他国家的。这句话，可能并不只是针对当时的德国读者的，也是针对今天各个国家的读者的。

马克思敏锐地觉察到，资本有着无法阻拦的力量，它一定会冲破个别国家地区的界域，走向世界的每个角落。它将给人类社会带来生产方式的巨大变革，将重构生产关系和交换关系。任何人为的忽视或者不承认，都没办法改变客观的事实，都只是自欺欺人。

马克思提醒英国之外的其他国家，要认识到或早或晚到来的资本。他把资本比喻成古希腊的蛇发女妖美杜莎，说明帷幕已经稍稍揭开，我们应该看到幕内美杜莎的头。

在今天的世界，资本已然实现了全球的空间扩张，成为世界经济社会发展的幕后推动力。资本是《资本论》当之无愧的主角，马克思一辈子的对手也正是这个资本。这个生活在19世纪欧洲的伟大思想家，与我们所生活的时代的关联性也就在于，资本也是我们这个时代的主角，也是我们这个时代的对手。

在改革开放之前的中国社会，资本虽存在，但并没有扮演经济社会发展的主角。在当时，我们大可断言，《资本论》与中国无关。但改革开放30多年后的今天，面对资本如火如荼地运行，谁又敢天真地说，《资本论》无关乎中国经济社会？

改革开放30多年，从某种意义上来说，正是引入资本要素来推进中国经济社会发展的30多年。我们没有资本主义化，但我们进行了资本生产、资本积累、资本流通，我们进行了资本的运作。

谁都不能否认，资本力量在当代中国的影响是巨大的。在品尝资本带来的甜蜜果实之后，我们也不得不吞咽资本带来的苦果。这已经是不争的事实，用马克思的话来说，不是用紫衣黑袍遮掩得了的。

我们必须承认《资本论》与当代中国社会的关

联，认识到当代中国社会已经进入到《资本论》的视域中。那些认为《资本论》与中国无关的人，是睁着眼睛说瞎话。

我们不能离开中国这个语境去读《资本论》。离开中国社会去读《资本论》，就读不到其中最有价值的地方。

马克思有一个很好的比喻，来提醒德国的读者，当然也应包括其他国家的读者：柏修斯需要一顶隐身帽来追捕妖怪。我们却用隐身帽紧紧遮住眼睛和耳朵，以便有可能否认妖怪的存在。

对待资本，不能掩耳盗铃，自欺欺人。我们要学习古希腊英雄柏修斯，看清妖怪的真面目，去追捕妖怪，而不能明明有妖怪，却故意说，它根本不存在。

秉承马克思的精神，就要更加审慎地对待资本。保持必要的警醒和反思，认清资本的来龙去脉，看到资本的正反力量，批判分析中国资本的运作。

马克思的对手是资本，马克思的事业是资本批判，如果我们不对中国的资本逻辑、资本运作进行客观的审视、批判的分析，我们怎么能说在进行马克思主义中国化的事业呢？怎么能说是对马克思思想的继承与发展呢?

2

研究对象要以研究目的为支撑。写一个剧本,要知道写这个剧本的最终目的是什么?马克思的最终目的,就是揭示现代社会的经济运动规律。

马克思所说的"现代社会",不是专指马克思所生活的社会,它可以延伸至我们生活的社会。马克思在某些方面来说,可算是我们的"同时代人"。因为现代社会就是资本出现并作为主导力量的社会,就是把资本作为推手来推动经济社会发展的社会。

我们生活的时代和马克思生活的时代,会有发展程度的不同。但它们遵循的经济运动规律是相通的,即都遵循商品交换规律、货币流通规律、资本生产规律、资本积累规律等等,简单地说,就是都遵循资本的逻辑,服从资本的运作。马克思提醒我们注意:

> 问题本身并不在于资本主义生产的自然规律所引起的社会对抗的发展程度的高低。问题

在于这些规律本身,在于这些以铁的必然性发生作用并且正在实现的趋势。

在资本全球扩张的链条中,不同阶段的不同国家,进行资本运营的先后不同,发展的程度不同,遇到的问题不同,碰到的矛盾不同,但都遵循着人类社会共同的发展规律。

资本的逻辑,以铁的必然性发生作用。现象的不同,程度的差异,不代表规律的不同。现象的改变,程度的不同,也不足以动摇其实质性的规律。

现代社会的发展,与资本运行同步。我们不可能绕过资本主导的历史阶段,只能在利用资本推动社会进步的同时,又承受它所带来的负面效应。

马克思说,一个社会即使探索到了本身运动的自然规律,它还是既不能跳过也不能用法令取消自然的发展阶段。但是它能缩短和减轻分娩的痛苦。

人不能不十月怀胎,不能不去分娩,因此也不能不去承受分娩的痛苦。人能做的只能是,缩短分娩时间和减轻分娩痛苦。这看似残酷,但这就是生理学上的事实,也是社会历史发展的事实。不能因为资本会带来痛苦,就拒绝资本,就否定事实,因为谁也没有说事实一定是美好的。

历史不是一帆风顺的，发展是要付出代价的。我们能够看到客观性的规律，但却无能为力地去接受自然的发展阶段，去应对必然出现的问题和矛盾。这让历史中的人情何以堪？

马克思赋予历史以客观性，也承认了人的主体性的地位。他要回答的是：作为历史主体，人应该如何看待社会历史发展的客观规律？

一方面，我们要承认资本的生成和发展是必经的历史阶段，是人类社会发展的客观规律。你必须承认，不能主观否定。不能过于自信地认为可以人为地将其堵住。

另一方面，我们要努力去探索规律，尽可能少走弯路，少走错路，把资本带来的痛苦的时间缩短，把痛苦的程度减轻，尽早享受分娩之后的喜悦，实现对资本逻辑的操控，走向美好的未来社会。

承认现代经济社会运动的规律，承认人类社会发展阶段的"不能跳过性""不能取消性"，也就必须承认：发展有先有后，欧美这些发达资本主义国家，在很多方面确实走在了前面，它们所走过的路，确实有值得学习的地方。

当下中国，有两种基本的对立的观点：一种强调中国与西方国家的趋同性，认为中国正在走和西方一模一样的路，甚至有过之而无不及；一种则否定和西方国家的任何相似性，认为中国自始至终走的都是和西方不同的道路，以后还要继续走下去。

这两种观点其实都割裂了一般与特殊的关系。否定中国道路的独特性，认同趋同性，就是否认中国在经济社会发展中的主动创造，否认中国可以吸取教训少走弯路的可能性；而人为地将其与西方国家绝对对立，过度强调中西社会发展的完全不同，则是对人类社会历史发展客观规律的否认。

马克思说，一个国家应该而且可以向其他国家学习。对我们来说，学习是必要的，一味雷同地学习则是需要批判的。

我们要向其他国家学习的应该有两个方面：一个方面是学好的，一个方面是学坏的。学好的，就是要学习如何利用资本运作激发社会创造的活力，给市场经济的充分发展创造便利条件。学坏的，就是要学习如何批判性地认知资本逻辑的负面效应，最大限度地避免资本逻辑的扩张所带来的经济社会生态困境。

资本逻辑是必然会发挥作用的，要客观评价资本发展的事实，承认它出现的历史意义。以往的教训告诉我们，不能狠狠地将资本主义踩在脚下，将其批判得体无完肤，完全否定它的合理性。如此做法，实际上违背了现代经济社会运动的客观规律，结果只能让我们背负沉重的理论包袱。

资本运作虽然会带来灾难，但它相对于之前的生产方式则是进步。如果看到资本运作的弊端，就否定资本的一切，实际上就犯了因噎废食的错误，只会让社会发展走回头路。

马克思说当时的德国，不仅苦于资本主义生产的发展，而且苦于资本主义生产的不发展；不仅活人使我们受苦，而且死人也使我们受苦，死人抓住活人！

"活人"是资本主义生产方式，"死人"是古老的、陈旧的生产方式。资本主义生产会使人受苦，带来灾难，但资本主义生产的不发展也同样会使人受苦，带来灾难。没有成熟的、完善的资本主义生产，西欧大陆所有国家的情况可能会坏得多。

资本的出现，是人类社会的进步，必须承认。

人类社会要想进步,就必须先彻底消灭"死人",让"活人"出来。但要认清"活人",别忽略"活人"导致的"受苦"问题。

拒绝资本运作,才是历史的倒退。不能给资本发展疏通道路,不让市场在资源配置中起决定性作用,中国经济社会发展就会有更多的阻力。

坚持马克思的观点,就必须看到资本的合理性,当然也必须对其进行必要的批判与反思。发挥它的优势,规避它的问题,将其引向更好服务于人的自由,服务于社会公平正义,才是正道。

如果承认社会经济形态的发展是一个自然历史过程,承认资本主导的生产方式、生产关系是必经的历史阶段,那也就必须承认,这个阶段出场的"人"也是客观的人,因为人一定是生产关系中的人,是生产关系的产物。

马克思说,"我决不用玫瑰色描绘资本家和地主的面貌","这里涉及的人,只是经济范畴的人格化,是一定的阶级关系和利益的承担者","不管个人在主观上怎样超脱各种关系,他在社会意义上总是这些关系的产物"。

每个人都是被抛入世界的，都必须进入到这样那样的生产关系中，受这些生产关系所支配。在资本主导的生产关系中，人要么是资本家，要么是地主，要么是工人，他无法摆脱这样的命运。

因此，对待"资本家"这个词，要客观地去看，不能戴上有色的眼镜，或痛恨，或辩护。不能扣帽子，想当然地认为哪些人是资本家，哪些人就该被批判。

也不要一提《资本论》，就认定马克思是鼓动人与人之间斗争的暴力革命家，就认为马克思是要呼吁作为工人阶级的一部分人，去与作为资本家的一部分人进行不可调和的对抗。

如果这样去读，我们就会严重地误解马克思，就会曲解马克思的事业。如果这样去读，读者自然就会分成两部分，一部分人则为工人的生活抱不平，痛恨资本家天生贪婪。一部分人则为"老板"进行论证，强调他们在组织生产中的作用，他们也付出了辛勤的劳动，而且时刻承受着风险。

马克思要解决的是人的自由而全面发展的问题，要着力克服的问题就是阻拦人的自由而全面发展的问题。资本的出现以及它所带来的经济关系、阶级关系，把社会之人给割裂了，一部分人成为资本的代言人，走向了大部分人的反面；一部分人则必须辛勤甚至过度地劳作，才能勉强维持自己的生存。

对马克思而言，归根结底的问题，不是一部分人和一部分人对抗的问题，而是人与人自己所创造的资本的问题，是人如何操控资本，如何使资本更好地服务于人，而不是人被资本关系所塑造的问题。

关系塑造人，有什么样的关系，就要有什么样的人。马克思不让个人对这些关系负责，因为他知道，如果没有操控资本，没有理顺经济关系，就去人为地消灭一些人，根本起不到什么作用。因为消灭一些人，还会出来一些人，他们还会按照原来那些人的方式进行生产和生活。

马克思给我们的灵感是，与其把力气花在抨击某些人上，改造某些人上，还不如花在思考如何理顺生产关系、经济关系上。

3

揭示现代社会的经济运动规律，洞穿资本时代的秘密，要有科学的方法。

马克思说：分析经济形式，既不能用显微镜，也不能用化学试剂。二者都必须用抽象力来代替。

抽象力，顾名思义，就是抽象的能力，就是对具体现实的理论概括和提炼能力。相对于显微镜，相对于化学试剂，抽象力并不是容易获得的研究工具，但又尤为必要。

非抽象力，不足以看透具体现实；非抽象力，不足以获得关于社会的真知。

纷繁复杂的现实社会，并不总是把自己的本来面目呈现给我们，反倒是以表象的形式混淆我们的判断。要透过社会的表象，看到社会的本质，就必须借助抽象力。

马克思是拥有抽象力的高手，是善于用抽象分析社会的高手。并不是马克思喜欢用抽象去难为人，而是分析社会的要求使然。

抽象的能力不是那么容易获取，抽象的理论不是那么容易把握。不知抽象之妙的人，面对马克思的抽象，往往会觉得绕来绕去、不知所云、云里雾里、不切实际。

有些读者觉得头大，甚至头疼，因此对马克思退避三舍。马克思也担心读者会因为一开始不能继续读下去而气馁，他做出了解释，指出自己的分析方法在经济问题上没有被运用过，因而会使一些读者读起来感到困难。

他承认这是一种不利因素，但他提醒读者：在科学上没有平坦的大道，只有不畏劳苦沿着陡峭山路攀登的人，才有希望达到光辉的顶点。

如果想学到一些东西，并且愿意自己去思考，就必须克服难懂的部分，深入读下去，领悟抽象的智慧。

其实，抽象离不开社会。马克思的抽象并非为了抽象而抽象，它是针对具体的，运用抽象力，是为了更好地看透社会的本质，更好地分析现实。

我们读《资本论》中的抽象理论，必须时刻想到自己所生活的社会。只有对社会现象充分关注，才会与马克思形成共鸣，收获一个又一个会心的微笑。

马克思的方法是从抽象到具体的方法。

理论是抽象的，现实是具体的，理论的抽象是为了认知具体的现实。抽象是必要的抽象，这种抽象是对具体的高度凝练，是为了让具体的现实呈现出来。

马克思说明了自己的研究方法与叙述方法，实际上给我们分享了他的抽象之法。

研究方法是从具体到抽象，即充分占有材料，分析它的各种发展形式，找到它们的内在联系，让具体材料在观念上反映出来，得到抽象的范畴和逻辑。叙述方法是从抽象到具体，用抽象的范畴还原现实的运动，把社会发展的真实面貌呈现出来。

从抽象到具体的方法，保证了马克思的辩证法不同于黑格尔的唯心辩证法。马克思的抽象是对具体材料的凝练，是为了将具体的现实呈现出来，而黑格尔的唯心辩证法，则把观念的东西当成本质，把抽象当成了本源，把具体材料、具体现实当成它的外部表现。

马克思公开承认自己是黑格尔的学生，但又恪守"我爱我师，我更爱真理"的精神，在黑格尔看来，现实事物只是思维过程的外部表现，马克思则提出了自己的相反意见：观念的东西不外是移入人的头脑，并在人的头脑中改造过的物质的东西而已。

观念的东西是抽象的，但它来自于物质的东西，来自于具体的现实。抽象不是目的，而是为了认识现实、改变现实。只有这样,辩证法才是唯物的,才是有力的。

虽然我们常讲辩证法,但并不代表我们真的知道什么是辩证法。马克思对其进行了精辟的表述,呈现了辩证法的三个方面的特质:否定性、过程性、批判性。

其一,辩证法在对现存事物的肯定的理解中同时包含对现存事物的否定的理解,即对现存事物的必然灭亡的理解。

对资本所主导的社会阶段,必须要肯定,并在肯定的同时予以否定的理解。一味地肯定,一味地否定,都不是真正的辩证法。既要去肯定,也要去否定,并坚信否定的绝对性,在否定中找到新出路,才是真正的辩证法。

对欧美社会无比推崇,对中国社会满是失望,这种观念正悄然出现在一些人的心中,这些人恐怕已经忘记了肯定与否定并用的辩证分析。

其二,辩证法对每一种既成的形式都是从不断的运动中,因而也是从它的暂时性方面去理解。

社会作为有机体,不是坚实的结晶体,而是能够变化并且经常处于变化过程中的有机体。对待资本所主导的社会阶段，要有过程性的思维方式，要想到任何经济的社会形态的发展，都是一种自然史的过程。

在当下，我们不能因为看到资本力量的强大，就认为资本时代将会永恒，而放弃对未来的想象，失去对更加美好社会的向往。

其三，辩证法不崇拜任何东西，按其本质来说，它是批判的和革命的。

马克思的辩证法，是要在批判中找到真知。没有批判的精神气质，没有革新的精神气质，就不算真正的马克思主义者。

《资本论》的副标题是"政治经济学批判"，表明他的批判不仅仅是针对资本所主导的经济社会状况，还有为这种社会进行合法性论证的学说。

继承马克思的批判精神，还要允许别人对自己的批判。因为，马克思推崇的批判，是批判与自我批判，不接受别人的批判，固执己见，只会走向独断，而不会走向辩证。

当然，主动接受批判，不代表什么意见都听，不代表不去驳斥偏见，不代表不去坚守己见，我们应该记住马克思的这句名言：

任何的科学批评的意见我都是欢迎的。而对于我从来就不让步的所谓舆论的偏见,我仍然遵守伟大的佛罗伦萨人的格言:走你的路,让人们去说罢!

二、商品的玄妙

（第一篇　第1章）

现在开始进入《资本论》的正文。《资本论》的主角是资本，但在第一篇第1章到第3章，我们并没有看到主角的出现。

资本是"大人物"，它的出场，需要足够多的铺垫。

谁先出场了呢？是商品。鸿篇巨制《资本论》，从研究司空见惯的商品开始。那是因为不通过商品的分析，我们不可能知道资本的真相。只有通过商品，才能走进资本。

1

马克思为何从商品开始？

司空见惯的商品，究竟有着什么样的玄妙，值

二、商品的玄妙

得马克思拿它先开刀？

绝对不是因为商品随处可见，人人都容易理解，故而马克思选择从商品开始，由易到难讲述自己的故事，想与读者尽快产生共鸣。

马克思的观点是：最初一看，商品好像是一种简单而平凡的东西。对商品的分析表明，它却是一种很古怪的东西，充满形而上学的微妙和神学的怪诞。

简单的商品，其实并没那么容易把握。马克思讲述商品的部分，也并没那么容易理解。早在第一版《序言》中，马克思就指出，万事开头难，每门科学都是如此。分析商品的部分，是最难理解的。

我们生活在商品社会，天天与商品打交道，说这句话，很多人都不会反对。但很多人可能会反对，花那么大的功夫去研究商品，把本来简单的商品搞得那么复杂。

很多读者就是因为读商品部分而"举目维艰"，最终打了退堂鼓，放弃了对《资本论》的阅读。似乎，马克思搞了个商品的迷宫，领着读者转过来转过去，搞得丈二和尚摸不着头脑。读者不知道马克思到底有何深意，不理解马克思为何要在商品上费那么多笔墨。

商品部分的分析是必要的。这就像看一部悬疑片，前面一部分情节，你可能一开始不知道它在讲什么，随着剧情的展开，你才会逐渐明白，前面的情节原来安排得那么有道理。

马克思在商品分析的部分留下了很多的悬念，这些悬念为后来揭穿资本的"惊天阴谋"，埋下了伏笔。

必须认识到，商品不是一个一眼就能看穿的东西，反而是让人望眼欲穿也可能看不穿的东西。

生活中很普通的道理：天天在你身边出现的东西，并不意味着你就能够看到它；你认为很熟悉的东西，并不意味着你就真的懂得它；你觉得简单的东西，并不意味着它就真的是简单的。

简单的商品为什么会那么难理解？可能正是因为，它太简单，它因其太简单而难以理解。事实往往就是那么奇怪：越是简单的东西，有可能越难认识；越是复杂的东西，有可能越容易把握。

商品里面有秘密，它本身近在眼前，它的秘密却远在天边。商品，这个简单的东西，就是那么让

二、商品的玄妙

人难以捉摸。

有人说,哲学就是要把简单问题复杂化,把复杂问题简单化。哲学家何苦如此?

并不是哲学家非要不按常理出牌,而是因为简单的东西往往是复杂的,哲学家不得不从看似简单的东西那里,揭示复杂的、深刻的道理。

马克思说,已经发育的身体比身体的细胞容易研究些。研究发育的身体容易,研究身体的细胞难。

资本主义生产方式就是已经发育的身体,商品就是这个身体的细胞形式。社会的财富表现为庞大的商品堆积,单个的商品表现为财富的元素形式。

但马克思深深明白,要真的把人的身体完全搞透,就必须研究它的细胞。研究透不容易研究的商品细胞,就会更容易地看清资本的身体。

为了把握资本的秘密,就必须参透商品的秘密。因为商品生产是资本生产的一般形式,商品流通是资本运行的一般前提,商品内部蕴含着资本社会的一切矛盾。一切重要的秘密,都在商品中。

因此,商品再难理解,马克思也要从分析商品开始。

2

其实，天下本无商品。商品是历史的产物。

人们起初只是从自然中直接获得自然物品，只是通过劳动创造劳动产品来满足自己的需要。**渐渐地**，人们生产出多余的劳动产品，并与他人的多余劳动产品进行交换，因而出现了商品交换。

商品交换的出现，推动了商品生产的出现，即人们不再是为了自己使用而生产，而是为了交换而生产。劳动产品也从此采取了固定的商品形式。

商品的底色还是劳动产品，只不过披上了衣服，有了外在的形式。但它一旦多了一层外衣，就变得与劳动产品不同。

就像一只羊，披上了狼皮，它还是一只羊，但它不再是一般的羊。对它来说，重要的已经不再是羊的身体，而是那张狼皮。

商品首先与自然物品、劳动产品一样，都是能够满足人的需要、对人来说有用的外界对象，因而都具有使用价值的属性。

仅有使用价值，不能把商品与劳动产品区分开来。

商品的底色还是劳动产品,只不过披上了衣服,就像一只羊,披上了狼皮,它还是一只羊,但它不再是一般的羊。对它来说,重要的已经不再是羊的身体,而是那张狼皮。

商品还有一种不同于劳动产品的属性，即它是用来交换的劳动产品。在和别的商品的交换中，商品获得交换价值的属性。

交换价值就是一种商品与另一种商品相交换的量的关系或比例。而这种量的关系或比例，究竟是多少，在每一次交换中可能都是不同的，因而看起来是偶然的、纯粹相对的东西。

但就是在这种看似偶然的交换价值里，表明有一种等量的共同的东西存在。两个完全不同的商品，为什么能划上等号，为什么能够实现交换？肯定是因为，每一个不同的商品里，包含着某种共同的东西，而且这种共同的东西的量是可以比较的。

这种共同的东西，不可能是商品的天然属性，不可能是商品的使用价值属性，因为作为使用价值，商品有质的差别，商品的交换价值，表现为同它们的使用价值无关的东西。

这种共同的东西，这个在交换关系或交换价值中表现出来的共同东西，就存在于商品内部，它就是商品的价值。而交换价值只不过是价值的表现形式，商品的价值，正是通过商品的交换价值表现出来的。

二、商品的玄妙

商品之所以是商品，必须是使用价值和价值的统一体，必须既有使用价值，又有价值。

使用价值是商品的自然属性，价值则是商品的社会属性。商品以使用物品的形式出现，反映的是外界对象与人的关系，因此可以说是自然的属性；商品以价值承担者的形式出现，反映的是交换双方之人的关系，因此可以说是社会的属性。

把商品与自然物品、劳动产品区分开来的，不是使用价值，而是交换价值，而是价值。自然物品可以不是劳动产品，它可以有使用价值，但没有价值，因而不是商品；劳动产品有使用价值，但没有用于交换，只是满足自己的需要，也没有价值，也不是商品。劳动产品，通过交换取得价值属性，也就是取得社会属性，它才成为商品。

作为商品的二重属性，使用价值和价值既有统一性又有矛盾性。

统一性在于，使用价值是交换价值的物质承担者，价值不能单独存在，它必须寄居在使用价值上。没有使用价值，商品也就显示不出价值。

对商品生产者而言，他要获得交换价值，就必须保证生产出使用价值，必须保证生产出的商品能够满足他人的需要。

矛盾性在于，商品的占有者，为了获得商品的价值，必须让渡使用价值给非占有者。而非占有者，为了获得商品的使用价值，必须让占有者获得价值。商品的使用价值与价值不可能实现在一方手里，而是被占有者和非占有者分享。

商品内蕴的矛盾性，是商品社会出现商品危机的根源。因为为了价值而生产，生产者就不会真正关心商品的使用价值，只要能够获得交换价值的"量"，他就不会去管生产出来的商品的"质"。为别人而生产，为自己获价值，隐藏着深层次的风险。

也许当前中国食品药品危机的根源，就在于商品生产的形式，就在于人们生产的是商品，而不是劳动产品。如果人生产的食品，不是为了自己吃，而是为了给别人吃，他就可能会不管食品质量如何，甚至会让它有毒有害；如果人生产的食品，都是自己吃，他就肯定会保证质量。

有些农民把自己耕种的土地分成两块，一块用超量的农药来生产农产品，用于卖给别人；一块则不用任何农药来生产农产品，用来自己吃。这一块地被称为"新自留地"。农民自发的商品意识，不免令人扼腕叹息。

因此，如何加强商品生产的监管，保证每个人都为他人生产好的商品，是商品社会必然遭遇的永恒的问题。

3

商品归根结底是人的劳动的产品，是披上亮丽外衣的劳动产品。它之所以具有使用价值和价值的二重性，归根结底还是因为生产商品的劳动的二重性。

在马克思看来，这种劳动的二重性，是理解政治经济学的枢纽。

不同商品的使用价值，都包含着人的有目的、不同质的生产活动，生产使用价值的劳动，因此就体现为具体劳动、有用劳动的形式。

要强调一点，使用价值总是构成财富的物质的内容。在任何历史阶段，任何社会形态下，构成人类社会真正财富的，都无怪乎两类：一类是自然存在的物质要素，一类是人的劳动在自然物质上加工出来的物质要素。这两种物质要素，即自然物品与劳动产品，因其能满足人的需要，具有使用价值而成为真正的财富。

人的劳动作为使用价值的"创造者"，必然是真正的财富的源泉。马克思强调了劳动的重要性，指出具体劳动或有用劳动作为使用价值的"创造者"，是不以一切社会形式为转移的人类生存条件，是人和自然之间的物质变换，即人类生活得以实现的永恒的自然必然性。

人不能离开劳动，劳动是人类生存发展的前提，是人类社会得以维系的前提。劳动对于人类、对于社会的地位是基础性的，是不可撼动的。当然，劳动并不是物质财富的唯一源泉，还有自然、土地、天然的物质。人的生产，人的劳动，必须经常依靠自然力的帮助，并基于天然存在的物质而进行。

劳动和自然物质这两种要素的结合，构成人类社会真正的财富的本源。马克思专门引用了威廉·配第的话：劳动是财富之父，土地是财富之母。

人类社会的真正的财富，一是劳动，一是自然。这本身是如此清晰明了，但人类社会发展到琳琅满目的商品社会，发展到资本所主导的历史阶段，我们对真正财富的认知就不再那么清晰。

二、商品的玄妙

我们会以为占有更多的商品,拥有更多的货币,扩大资本的总量,才是获得更多的财富。我们会忘掉人类社会的财富之源。

尤其是当资本的扩张成为不可阻遏的力量时,资本就将"杀父弑母",它将劳动的力量牢牢控制,将劳动的作用大大贬低,让人孜孜于追求虚拟的财富,把玩货币的不断增殖,为了资本的增殖而不断地去剥夺自然。

我们现在还看不到这一点,马克思在此只是留下了伏笔。

现在我们能够看到的是,劳动的有差别的、具体的特质,在商品生产和商品交换的过程中,显示出无差别的抽象性。

商品的价值,是形态各异的商品拥有的共同的东西,而这种共同的东西还是人类劳动,只不过不是形式多样的具体劳动,而是具有统一性质的抽象劳动。

生产出价值的劳动,只能是抽象的人类劳动,唯有如此,才能保证不同商品的交换的实现。商品的价值属性,要求撇开不同的生产劳动的特定性质,这就使劳动只剩下一点：它是人类劳动力的耗费。

价值因此只是无差别的人类劳动的单纯凝结，它只是表示在商品中耗费了人类劳动力，积累了人类劳动。它不管你是什么样的劳动，也不管劳动的形式如何。

在抽象劳动中，劳动的具体形式不再重要，重要的是劳动的数量。抽象劳动要把所有的劳动同质化，如果说它还承认劳动有差别的话，它只承认简单劳动和复杂劳动的差别，因为复杂的劳动是多倍的简单劳动，少量的复杂劳动等于多量的简单劳动。

一个商品可能是最复杂的劳动产品，但是总能与简单劳动的产品相等，只不过是量的多少问题。因此，生产价值的抽象劳动没有质的差别，只有量的差别。再复杂的劳动都要简化，通过简单劳动来统一衡量。

有人批评马克思所讲的劳动只是体力劳动，没有看到脑力劳动、管理劳动、技术劳动、情感劳动这些复杂的劳动形式，这一点是自己的错误理解了。马克思将这些劳动置于"复杂劳动"的范畴之内，也承认了这些劳动形式比起简单劳动有更高的价值。

二、商品的玄妙

人的劳动分为抽象劳动与具体劳动,这绝不是说有两个劳动,而是说在商品的形式中,劳动这一体有两面。

要记住,只是在商品生产中,劳动才会有一体两面。如果人只为自己生产自己所需要的劳动产品,那就不可能有所谓的抽象劳动。抽象劳动是在商品交换过程中显示出来的劳动属性。

并不是马克思偏要杜撰出个"抽象劳动",而是因为抽象劳动是商品社会必然会出现的"产物"。正如并不是马克思偏要搞出个"价值",而是因为劳动产品成为商品就自然多了一重属性一样。

马克思是用抽象力,将其抽象出来,以更好地去再现具体的社会现实。

人只要去劳动,它就是具体的,这是劳动的自然形式的体现。但在商品生产中,人的劳动又必须是抽象的,必须舍弃具体的形式,以保证不同的劳动,有共同的标准来衡量。这是劳动的社会形式的体现。

抽象劳动与具体劳动的二重属性,是从不同的角度看出来的:就价值而言,有意义的只是商品中包含的劳动的量,它的本质是"劳动多少,劳动时间多长的问题"；就使用价值来说，有意义的是商品中包含的劳动的质，它的本质是"怎样劳动、什么劳动的问题"。

抽象劳动形成价值，具体劳动生产使用价值，价值关乎劳动多少，使用价值关乎怎样劳动，劳动的二重性，对应于商品的二重性，逻辑自洽，并与具体的现实相统一。

马克思揭示了人类社会本来的面貌，但这种面貌会越来越被遮蔽，越来越面目全非。而且，萌芽已经在商品的价值和使用价值的二重性，在劳动的抽象和具体二重性上悄然出现。

马克思在此没有明确指出，但他隐含地指出了，抽象劳动属性的形成，是人的劳动失去基础地位的危险一步。

抽象劳动本来是具体劳动的抽象和概括，但抽象的形式本身却要求成为具体。就像价值本身寄居在使用价值上面，但它也要求从使用价值身上脱离，成为实体性的存在，就像幽灵一样，附身显形。

抽象成为具体，价值的表现形式最后定格在货币上，价值终于化身为货币，成为资本，它不再是由劳动决定的价值，而变成与劳动对立，又支配劳动的东西。抽象劳动也成为死劳动,具体劳动则变为活劳动,死劳动对活劳动的征服就开始了。

4

我们很容易理解商品的自然形式,它的使用价值,但很难把握它的价值。

对马克思来说,重要的不是具体劳动生产出使用价值,而是抽象劳动生产出价值。现代社会的秘密,是在抽象的价值领域。

马克思就此从人人可见、人人都懂的使用价值这里离开了,再也没有回来,他深入到人不可见、人很难懂的价值领域,深度耕犁,发现了资本的真相。

看到不可看到之物,思考不可思考之事,破解不可破解之谜,这就是伟大的哲学家的智慧。

价值首先是"量"的问题,马克思为此需要回答:商品的价值量该如何决定?

答案似乎早就有了,商品价值量的大小,要由凝结在商品中的劳动的量来决定,用劳动的持续时间来计量。

但绝不是由个人生产商品所耗费的劳动量来决定，如果是这样，那岂不是一个人越懒，越不熟练，他制造商品花费的时间越多，他的商品的价值量就越大？

决定商品价值量大小的，应该是平均的社会必要劳动时间，是生产同种商品的不同生产者的平均劳动时间，即在现有的社会正常的生产条件下，在社会平均的劳动熟练程度和劳动强度下制造某种使用价值所需要的劳动时间。

生产某种商品的社会必要劳动时间越短，这种商品的价值量就越小，反之，就越大。对个体劳动者而言，他应该让自己的个别劳动时间低于社会必要劳动时间，这样他才能生产出更多的使用价值，因而获得更大的价值总量。

为此，他需要不断地提高劳动生产率，降低生产商品所需要的劳动时间，提高劳动平均熟练程度，增强科学在劳动中的含量，追求生产过程的有机结合，扩大生产资料的规模和效能，等等。

这是马克思分析商品价值量，最有实用性价值的地方。如果从功利的角度去读，这部分是最能给企业工作者、个体生产者以指导的地方，也是最容

二、商品的玄妙

易理解的地方，甚至是不读《资本论》都能懂的道理。这个，你懂的！

很多人在质疑马克思的价值理论，认为商品的价值量根本是无法确定的。更有人举例子，拿出生活中的某个商品，问根据马克思的分析，它的价值到底是多少？生产它的社会必要劳动时间是多少？

问商品的价值是多少，本身是错误的表述，我们只能说商品的价值量是多大。即使问价值量究竟是多大，社会必要劳动时间到底是几个小时？这一点也是难为马克思，也是难为古今中外所有思想家。

价值是一种抽象，它只能在交换价值、在价格上表现出来，而且是以偶然的方式表现出来。我们经常所谈的商品的价值，其实只不过是在谈商品的交换价值，商品的价格，只是在谈价值的表现形式。

你能具体得到的只能是交换价值，只能是价值的表现形式，而很难说就是价值，就是准确的价值量。价值是存在的，价值量也是存在的，但人不可能精确地指出它在哪儿，它是多少。

在日常生活中，老是琢磨商品的价值，就犯了严重的钻牛角尖的错误。一句话，苦苦思索，价值几何，只会糊里糊涂，晕头转向。

很多人可能还是会继续问，无法确定商品的价值，那马克思关于价值的探讨，关于价值量的探讨，还有什么意义？

把马克思的价值理论定位在确定商品的价值量上，这是技术性、实用性思维方式在作怪。我们不应该把马克思的理论局限在技术操作的层面，而应放在科学规律的层面来思考。

价值是一种抽象，是一种科学的抽象，一种必要的抽象。这种抽象是为了再现具体现实，把现实的真实状况揭示出来。因此，价值只是分析现实的工具，是洞穿社会表象的工具。

如果用马克思的价值理论来确定商品的价值，那是大材小用，杀鸡用牛刀，好刀没用在刀刃上。

马克思思考的重心也不是商品的价值如何确定，价值量到底是多少。因为他已经发现，这是注定不可能完成的任务。揭示价值量归根结底由什么来决定，已经能够很好地服务于现实社会的生产劳动了，还要再进一步探讨商品的价值量到底是多少，就有点画蛇添足了。

马克思当然不会去做这种事情，他提醒道，价值是幽灵般的对象性，每一个商品，不管你怎样颠来倒去，它作为价值物总是不可捉摸的。

这并不代表，价值就是不可知的，就是无法把握的。商品的价值是在商品与商品的交换过程中表现出来的，本质上反映的是人与人之间的社会关系。这给认识价值提供了重要突破口。

马克思说，我们实际上也是从商品的交换价值或交换关系出发，才探索到隐藏在其中的商品价值。

对他而言，重要的不是确定价值的量，而是研究价值的表现形式，认清价值的本质，并进而揭示货币的秘密、资本的秘密，描绘出商品社会、资本社会的颠倒乱象，最终揭示现代社会的发展规律。

5

只要劳动产品采取商品形式，有了价值属性，它就有了谜一般的性质，就变得可感觉而又超感觉。

马克思举了一个例子，人的劳动把木头做成桌子，木头的形状改变了，但谁都能看出它还是木头，还是普通的可以感觉的物。

但桌子一旦成为商品，它就似乎转化为一个会自动跳舞的东西，它既是桌子，又好像不是桌子，它不仅用脚站在地上，在与其他商品的关系上还用头倒立着，它头脚倒置，真是个怪物。

商品的微妙，商品的怪诞，商品的神秘，到底从何而来呢？

马克思用了排除法，首先肯定不是来源于商品的使用价值。

因为商品作为人类劳动的产品，靠自己的属性来满足人的需要，没有什么神秘的地方。它只不过说明，人通过自己的活动，按照对自己有用的方式，来改变自然物质的形式。

也不是来源于价值规定的内容，即抽象的人类劳动。因为：不管劳动的形式如何不同，任何劳动都有共同的特点，都是人体的技能；决定价值量的基础是一定时间的劳动量，而劳动的量是可以明显与劳动的质区别开来的；人们以某种方式彼此为对方劳动，他们的劳动就取得社会的形式，个体劳动变成社会劳动。

一切都清晰明了，没有什么玄妙之处，当然这是对马克思来说，对读者而言，我们还是要好好琢磨一下。

二、商品的玄妙

劳动产品一旦成为商品,就具有谜一般的性质,显然是来源于商品形式本身。

在商品形式中,我们会发现:

(1)人的劳动是否是等同的,不是取决于人的劳动本身,而是取决于劳动产品的价值是否等同。

(2)人类劳动力的耗费,不是通过人的劳动时间来衡量,而要通过劳动产品的价值量来衡量。

(3)生产者之间的社会关系,不是直接表现为生产者与生产者的社会关系,而是表现为劳动产品之间的社会关系。

人的劳动生产出劳动产品,人理所当然是劳动产品的主人。但在商品形式中,人越来越没有办法透彻认识自己生产的产品,决定自己劳动产品的归属,决定自己劳动产品价值的大小。商品的价值量也不以劳动者的意志、设想和活动为转移,它不断地运动着,使人们渐渐相信,人们本身的社会运动具有物的运动形式。

人对自己劳动的产物的支配,变成劳动产品对人的支配。不是人支配物,而是物支配人。劳动产品好像反客为主,从客体成为主体,好像都变成会思考的、能自动跳舞的"桌子",都天生具有社会的属性，它们开始支配人的活动本身。

该用一个什么样的词来概括这种现象呢？马克思找到的词是"拜物教"，这是他从宗教世界的幻境中找到的。

在宗教中，人脑的产物，表现为独立存在的有生命的东西，而且同人发生关系，受人崇拜。

在商品世界里，人手的产物，开始表现为独立存在的东西，而且与人发生关系，受人崇拜，支配着人，并让人与人之间的关系变成不受人支配的物与物之间的关系。这就是商品拜物教。

拜物教是同商品生产分不开的。劳动产品一旦作为商品来生产，就必然带上拜物教性质。为什么会如此呢？

这是因为，商品的生产是以实现价值为目的的生产，它要求商品生产者把产品当作价值来对待。价值的实现，就要与其他商品生产者进行交换，就要使自己的劳动产品被其他人所接受。

这个过程决定了商品生产者必然受制于自己的劳动产品，也决定了商品生产者之间的关系必然表现为物与物的交换关系。

从本质上而言，商品的价值关系，不是物与物

二、商品的玄妙

之间的关系,而是人与人之间的社会的关系,但采取的却是物与物关系的虚幻形式。

这就是商品价值的本质,即用物与物的关系掩盖着的人与人之间的关系。

"拜物教"在今天似乎已经是很日常化的词汇,很简单的词汇。马克思当时所提出的拜物教,自然不是那么简单,他要用这个词,来提醒我们认识商品社会两个最基本的颠倒。这两个颠倒,可能被我们所忽略,也可能被我们认为是正常的。

第一个颠倒,人与人的社会关系,通过物与物的关系表现出来。社会关系不是人的关系,而是物化的人的关系。

每个人从事的劳动都是私人劳动,私人劳动的总和构成社会总劳动,但私人劳动成为总劳动的一部分,不是因为私人劳动者进行了有机的结合,人们在劳动中形成了直接的社会关系,而是因为私人劳动者生产的产品,与其他私人劳动者生产的产品之间形成了联系。

这里我们能够更好地理解,马克思为什么要强调:人们扮演的经济角色不过是经济关系的人格化,人们是作为这种关系的承担者而彼此对立着的。

商品占有者虽然是商品的占有者,商品交换表面上体现了商品占有者的意志,但人们彼此只是作为商品的代表即商品占有者而存在。商品占有者双方的交换,只有一方符合另一方的意志,双方的意志行为共同一致,才能彼此获得对方的商品。

双方必须承认对方是私有者。这种具有契约形式的法的关系,是一种反映着经济关系的意志关系,法的关系或意志关系的内容也是由这种经济关系本身决定的。人不能自主地选择自己的角色,必须受经济关系的支配,这种现象,恰恰是商品世界的颠倒性表现。

俗话说,亲兄弟,明算账,原因就在于再亲的关系也一定要通过物与物的关系来表现。我有东西,再想给你,也不能直接给你,你必须拿你的东西来交换。

人与人的关系,不再那么单纯,没有任何目的的交往,本来是很正常的人际关系,却不再被认为是正常的。

第二个颠倒,人对劳动产品使用价值的需求,变成对商品的价值的追逐。对物质财富真正内容的

二、商品的玄妙

追求，变成对财富的表现形式的追求。

使用价值是财富的物质内容，价值只是财富的形式。但商品生产带来的结果是，形式比内容更重要。人们只关注他的产品按什么样的比例交换，他的产品能换取多少别人的商品，而不再重视劳动产品的内容。

说商品生产者是"形式主义者"，一点都不为过。马克思假设了一种很好玩的情况，那就是商品能说话，它们可能会说：

> 作为物，我们没有使用价值。作为物，我们具有的是我们的价值。我们自己作为商品物进行的交易就证明了这一点。我们彼此只是作为交换价值发生关系。

马克思还引用了莎士比亚的一句话：一个人长得漂亮是环境造成的，会写字念书才是天生的本领。

他要表达的意思是，本来，商品的使用价值是天生的，是自然的存在状态，是人们生产活动的目的；商品的价值才是环境造成的，是在历史过程中出现的。但现在价值却成了天生的属性，成了人们生产活动的目的本身。

这个颠倒是最为隐秘的颠倒,也是货币拜物教、资本拜物教必然出现的深层次根源。

三、货币的魔术

（第一篇　第 2～3 章）

紧随商品出现在历史舞台上的，是货币。马克思从逻辑上也进入到货币的分析中。

中央电视台有一部电视纪录片，就叫《货币》，开头的解说词很精辟：

> 她阳光，成就了一切的一切，让自由成为自由，让财富成为财富。她冰冷，定义了今天的格局，让欲望成为欲望，让战争成为战争。如果将人类的 250 万年压缩成 24 小时，那么她伴随人类不足三分钟。人们知道她从哪里来，但不知道她到哪里去，她，就是熟悉又陌生的货币。

货币，熟悉又陌生。货币拥有神奇的力量，它是让很多人提起来就倍感振奋的东西，让很多人穷其一生追逐的东西，把很多人搞得晕头转向的东西，让很多人一度迷失又不断反思的东西。

在这个部分，我们将跟随马克思，进入货币的世界，我们将看到货币从哪里来？它到底是什么？它为何会有如此魔力？

1

货币从哪里来？这是个既简单又不简单的问题，正像那个经常被提及的哲学问题一样，你从哪里来？

说其简单，是因为可以一语概括：货币从商品中来。说其不简单，是因为难以解释：货币如何从商品中来？

马克思认为，看到货币是商品，在货币分析上已经是跨出了很大一步，但困难不在于了解货币是商品，而在于了解商品怎样、为什么、通过什么成为货币。

货币产生于商品，确切地说产生于商品的价值。而商品的价值是抽象的，孤立地考察商品，是看不到的，只有商品与其他商品发生交换关系，我们才能

货币从哪里来？这是个既简单又不简单的问题，正像那个经常被提及的哲学问题一样，你从哪里来？

看到它的价值的存在。

价值不是实实在在的存在，它要通过形式来体现，它总要在与其他商品的价值关系中，通过价值表现形式来表明自己的存在。

现在我们都已经知道，所有商品的价值都要通过货币来衡量，货币是所有商品共同的价值表现形式。人们很习惯地用钱买商品，不再去追问货币的起源。有谁还会拿着钱傻傻地问，它来自于哪里？而正是没有此问，人在货币面前变得越来越无知，越来越搞不懂它究竟是个什么东西。

马克思要告诉我们货币的谜，他不想让我们对货币无知，不想让我们知其然而不知其所以然，他要让货币的谜不再是谜。

他要做他之前的经济学家从来没有打算做过的事情：在商品的价值关系中，从商品的价值表现形式出发，指明货币的起源，指明价值表现形式怎样从最简单的最不显眼的样子，一直发展到炫目的货币形式。

商品的价值关系有四个类型，价值的表现形式因此也有四种：

三、货币的魔术

最简单的价值关系,是一个商品与另一不同商品的价值关系,比如 x 量商品 A = y 量商品 B。这是简单的、个别的或偶然的价值形式。

但简单的商品形式是货币形式的胚胎,就是在这种最简单的价值形式里,我们能够看到复杂的货币形式的秘密。你不得不佩服马克思,他怎么就能够从如此简单的等式中,想到那些我们根本不去想,也想不到的问题。

商品 A 的价值,在商品 B 这里取得了表现形式。

要记住,商品的价值形式或价值表现,是由商品价值的本性产生的。商品的价值不是在同他物的关系中产生,而只是在这种关系中表现出来。

但隐含的矛盾在于,我们有可能把价值的表现形式当成价值本身,把价值表现形式的变化当成价值本身的变化,把价格的变化当成价值量的变化。有时候我们谈的是商品的价格,却以为是价值,原因就在此处。

商品 B 因表现商品 A 的价值,充当了等价物的作用,处于等价形式。

作为等价形式的商品 B,它的价值不能得到表现,它只是用它的使用价值来表现前者的价值。商品 B 现在就是商品 A 的价值的化身，使用价值成为价值的表现形式。

商品 B 处于等价形式，并不是天然的，它来自于商品 A 所发挥的作用，它才能变成等价物。但本末倒置的情况出现了，好像商品 B 具有与生俱来的能与其他商品直接交换的属性。作为等价物的商品，商品 B 因此取得了高于其他商品的地位。

综合观察商品 A 与商品 B 的交换，商品 A 的占有者，把 A 的使用价值，也就是把商品 A，交给商品 B 的占有者，他从商品 B 的占有者那里获得表现商品 A 价值的商品 B。

在其中，商品 A 充当的是使用价值的形态，商品 B 则充当的是价值的形态。这样，商品 A 中的使用价值和价值的内部对立，就通过外部对立，即通过两个商品的关系表现出来了。

简单价值形式是不充分的，商品 A 如果只能跟商品 B 交换，那就是偶然的事情，它必然过渡到更加完善的形式。

第二种类型的价值关系，是一个商品与无数的其他不同商品的价值关系，比如 x 量商品 A = y 量商品 B，或 = z 量商品 C，或 = u 量商品 D，或 = 其他。一个商品的价值表现在无数的商品体上，每一个其他商品都是反映商品 A 价值的镜子。这是扩大的价值形式。

商品 A 不再是与另一种个别商品发生社会关系，而是与整个商品世界发生关系。商品 A 的价值不再偶然地、随意地由某个商品来表现，这正好证明它的价值是起着决定性的，而不是与它交换的等价形式起着决定作用。

其他商品都在表现商品 A 的价值中充当等价物，每一个商品都成为特殊等价形式，并与其他特殊等价形式并列，表现同样的价值，而这每一个商品所包含的不同的、具体的、有用的劳动，真正表现为无差别的人类劳动。

扩大的价值形式依然是有局限的，因为商品的价值没有获得统一的表现形式，它存在着无数个特殊的、互相排斥的等价形式的并列，它的价值表现因此是未完成的，是杂乱的。它自然会过渡到新的形式。

第三种类型的价值关系，就是 y 量商品 B，z 量商品 C，u 量商品 D，或其他，= x 量商品 A。这是第三种价值表现形式，即一般价值形式。

商品价值的表现形式简单无比，表现在唯一的、统一的、同一的商品上，所有其他商品的价值形式是简单的和共同的，因而是一般的。

一般价值形式的出现只是商品世界共同活动的结果，一个商品之所以获得一般的价值表现，只是因为其他一切商品都用它来表现自己的价值。这个表现其他商品价值的商品，就从商品世界中分离出来，成为特殊的商品。

所有的商品的价值都用金来衡量，而不再由其他商品来表现，一般价值形式就过渡到货币形式。

第四种类型的价值关系，就是 y 量商品 B，z 量商品 C，u 量商品 D，或其他，= x 量金。这是第四种价值形式，即货币形式。

货币形式与一般价值形式的唯一进步在于，一般等价形式，由于社会习惯，最终同商品金独特的自然形式结合在一起了。

金能够与其他商品相对立，只是因为它早就作为商品与它们相对立，它过去就起等价物的作用，

三、货币的魔术

只是后来它确立了在商品世界的价值表现中的独占地位，成为货币商品。

金的固定职能就是充当一般等价物，其他任何商品被取消了资格，商品金享有了这个特权，一种社会独占权。

我们看到，货币只是商品的价值形式演化的结果，货币形式是商品世界的完成形式。货币本身并不是从天而降，天赋神力，而是历史发展到一定阶段的产物。它的神奇，完全是人所赋予的，而不是它自己就有的。

2

简单的商品形式是货币形式的胚胎，货币是商品的价值表现形式。货币之所以能尘埃落定，成为当之无愧的一般等价物，正是有赖于商品交换的日益扩大。

商品没有镀金，没有蘸糖，以本来面目进入到交换过程，催生了镀金、蘸糖的商品。进去的都是普通的商品，出来的却有了特殊的商品。这个商品可以表现其他一切商品的价值，所有的商品都必须与它打交道，商品占有者都想用自己的商品换到它，这个商品才成为货币，才成为超越普通商品的特殊商品。

哪种商品来充当货币呢？最初是偶然的，贝壳、牲畜、奴隶等物都曾经充当过。正如纪录片《货币》所概括的那样：她在美索不达米亚平原的泥板上，她在亚细亚海边的贝壳里，她在太平洋岛上的石头上，她在印第安人的珍珠项链里。

随着商品交换日益突破地方的限制，货币才日益转到那些天然适合充当的贵金属上。马克思说，金银天然不是货币，但货币天然是金银。

金和银本来就存在，但它并非一开始就充当货币，货币有历史的生成过程，但当它一出现，就被定格在金银上。因为金银具有天然的属性，它不容易磨损，便利于均质的分割，又能够随意的合并，适合表现不同大小的商品价值量。

金银作为货币，变成特殊的商品，因此有了二重的使用价值，一方面它有作为普通商品的使用价值，如金可以镶牙，可以做奢侈品；一方面它有作为特殊商品的使用价值，即有独特的社会职能，表现其他一切商品的价值。

哪种商品来充当货币呢？贝壳、牲畜、奴隶等物都曾经充当过。

商品的价值形态唯一化为货币，商品世界二重化了。整个商品世界分为两极：一极是商品，它们都是特殊的使用价值；另一极是货币，它是一切商品价值的代表。

商品与货币的二极对立，实际上只不过是商品内在的使用价值与价值的对立的发展。

货币的出现，使商品的价值开始有了一个独立的形式，它像幽灵一样开始有了自己的躯壳，那就是货币。人们自此从商品中看不到价值了，只能看到商品的使用价值，因为它的价值，已经跑到货币上去了。

于是，商品成为使用价值来满足特殊的需要，构成物质财富的特殊要素，而货币成为价值的化身，成为衡量社会财富的要素。在商品交换中，我们从现在开始会发现，作为使用价值的商品同作为交换价值的货币对立着。

商品使用价值和价值的内部矛盾，在商品的交换过程中表现为不同商品的对立，在货币出现后则表现为商品和货币的对立。所以，商品内部的矛盾，并没有在货币出现后得到扬弃，而是往更为复杂的方向发展。

3

货币一出现，就显示出神奇的魔力，给社会蒙上了一层面纱，带来了社会新的颠倒，带来了人的观念的错乱。人们感受到货币的力量，但看不到货币的本质，破解不了货币拜物教的谜。

一种错误的观念是，货币是一种单纯的符号，金银的价值是想象的。

金银作为货币，是商品，是特殊的商品，有实实在在的内容，是人类劳动的产物，有价值也有使用价值，它本身的价值也是由生产的劳动时间决定的，并通过别的商品来表现自己的价值量。

货币不是天然具有社会属性，并不是天生就充当价值形式，只是交换过程将商品转化为货币，弱化了它的使用价值，强化了它的社会功能。

把货币理解成毫无内容的符号，是一种假象。货币不是只有一副臭皮囊，不是只有外表，它还是有"货"的，有实质性内容的。

货币是商品，本来它只是表现其他商品价值的形式，在商品交换中应该发挥的是服务、辅助的作用。但货币一旦成为货币，它就不甘心只去服务、去辅助了，它要让一切商品臣服于它，商品和货币的关系因此本末倒置了。

货币出现后，商品的价值只有通过货币才能表现，如果没有取得货币形式，商品就不再有价值。货币不再是一般的商品，它可以践踏其他一切商品，它忘记了自己的出身，在获得了自己的荣耀之后，它就再也不管商品世界那些"难兄难弟"了。

货币成了商品世界的主宰者，它可以购买到任何东西。只要有了它，似乎什么都可以拥有。现在，谁还去管它的本质是什么呢？谁还去管它的内容是什么？它现在只是一种符号了，一种权力的符号，一种力量的符号。

于是，货币拜物教出现了，加入货币拜物教的人，追逐的不是商品，而是货币。因为商品已经不再是财富的化身，货币才是。事情发生了变化：

> 昨天，资产者还被繁荣所陶醉，怀着启蒙的骄傲，宣称货币是空虚的幻想。只有商品才是货币。今天，他们在世界市场上到处叫嚷：只

货币不再是一般的商品,它可以践踏其他一切商品,它忘记了自己的出身,在获得了自己的荣耀之后,它就再也不管商品世界那些"难兄难弟"了。

有货币才是商品！他们的灵魂渴求货币这一惟一的财富，就像鹿渴求清水一样。

货币的魔力确实惊人，马克思引用了很多描述货币力量的话：

金真是一个奇妙的东西！谁有了它，谁就成为他想要的一切东西的主人。有了金，甚至可以使灵魂升入天堂。

莎士比亚的一段话也赫然在上：金子！黄黄的，发光的，宝贵的金子！只这一点点儿，就可以使黑的变成白的，丑的变成美的，错的变成对的，卑贱变成尊贵，老人变成少年，懦夫变成勇士。

这就是货币拜物教，它比商品拜物教炫目多了。所以，马克思说，货币拜物教的谜就是商品拜物教的谜，只不过变得明显了、耀眼了。

在货币拜物教中，人对自己生产的产品失控了，对自己的社会关系失控了。不是人来掌控自己的社会关系，而是由货币来掌控。

因此，货币形式的内容，不是物，而是物本身以外的东西，是受物的关系所支配的人与人的关系。

三、货币的魔术

人与人之间的关系,在商品形式中,表现为不同商品之间的交换关系,在货币形式中,则固定为不同商品与货币之间的关系,固定为买与卖的关系。货币不是一般的"物",它更有力量,更能够支配人与人的社会关系,更能够让人与人的关系变成物与物的关系。

有句话,叫"有钱能使鬼推磨",有人觉得不足以显示钱的魅力,将其改为"有钱能使磨推鬼"。这两句话充分说明,人的关系受货币支配的无奈。

现在来看,就需要好好反思货币的本质的问题了。货币是一种商品,是在商品交换过程中出现的特殊商品,是为更好地服务于社会发展而出现的手段。

但现在货币成为凌驾于一切劳动产品之上,凌驾于人的劳动之上,凌驾于人与人之间社会关系之上的神奇力量。人的劳动,人的生活本身,人的社会关系被货币所俘获了。

马克思用货币拜物教,只是让我们警醒这一颠倒的现实,它的深刻道理在于:

对人类社会而言,货币是价值的表现形式,劳动和自然才是物质财富的内容，货币是形式，不是真正的财富。货币的积累，不代表人类财富的真正增长。用货币作为手段服务于人类劳动产品的丰富和发展，才是社会发展的正道。

对个体而言，货币只是人们生活的手段，不是生活的目的，不能为了货币而货币，在不断追逐货币的过程中，忘记追逐货币到底是为了什么。

4

货币的神奇魅力，直接表现为货币在商品经济中承担的职能。

货币的第一个职能，是价值尺度职能，即表现商品的价值大小的职能。货币承担这一职能，就使商品的价值取得了价格的形式。商品的价值用货币来表现，就是商品的价格。

商品的价值，本来取决于生产商品的社会必要劳动时间，通过与其他商品的价值关系来表现。货币只是外在的价值表现形式，商品并不是离开货币，其价值就无法衡量。但商品的价值，一旦确定由货币来表现，货币就取得了决定性的意义。商品的价值，似乎就等同于它换得了多少货币，就等于商品同货币的交换比例。

这种交换比例不一定会反映出真实的价值量，反倒会让真实的价值量无法衡量。马克思因此说，价格偏离价值量的可能性，已经包含在价格形式本身中。

价格表现是虚幻的，是偏离价值的，甚至是没有价值支撑的形式。这种虚幻的价格形式，又反过来掩盖着实在的价值关系。在商品交换中，以后只能看到商品和货币的关系，看到物与物之间的关系，再也看不到商品价值中所包含的人与人的关系。

货币名称表示商品价值，好像商品的价值由不同的货币名称来确定。在英镑、法郎、美元等货币名称上，价值关系的任何痕迹都消失了。

在此就能明白，马克思所说商品的价值，总是让我们觉得不好把握。那是因为货币的出现，已经让价值本身变得模糊化。

商品的价格形式还包含着一个质的矛盾：货币是商品的价值形式，价格是价值的货币表现，但价格可以完全不是价值的表现，因为价格形式可以让

没有价值的东西成为商品。马克思举例说明:

> 有些东西本身并不是商品,例如良心、名誉等等,但是也可以被它们的占有者出卖以换取金钱,并通过它们的价格,取得商品形式。因此,没有价值的东西在形式上可以具有价格。

有了价格,没有价值的东西就变成了商品。这才是商品世界,一切有形的无形的东西都要商品化,都要明码标价,人的良心、名誉、爱情、贞节等等都要用货币来衡量。

这才是人类社会最大的悲剧性。人类社会不是人的社会,而是商品的社会。看似人在主宰,其实人也要成为商品,也需要被买卖,奴隶作为商品被买卖、劳动力作为商品被买卖,就是证明。

甚至在"人是什么"的问题上,也沾染上商品的味道,货币的味道。什么是人?是占有的商品越多,拥有的货币越多,人才越是人;如果没有或者不够,人好像就不是人,就低人一等。

5

货币的第二个基本职能，是流通手段职能。

马克思是在分析商品交换，即"商品（W）—货币（G）—商品（W）"这个形式中，去研究货币的流通手段职能的。

商品的交换过程，因货币的作用，分为两个互相对立的、互为补充的形态变化：一是从商品转化为货币，二是从货币转化为商品。商品占有者在前一种形态中的行为是卖，在后一种形态中则是买，这两种行为的统一，就是为买而卖。

商品形态变化这两个相反的运动组成一个循环：商品形式，商品形式的抛弃，商品形式的复归。

每个商品的形态变化系列所形成的循环，同其他商品的循环不可分割地交错在一起，这全部过程就表现为商品流通。商品流通因此是商品交换的总和。

在商品流通过程中，商品占有者的起点是非使用价值，终点是使用价值。货币不断地进入，作为商品流通的中介，取得了流通手段的职能。

商品流通不同于直接的产品交换，它一方面打破了直接产品交换的个人的和地方的限制，发展了人类劳动的物质变换。另一方面，不受当事人控制的社会联系发展起来了，人在商品流通的过程中渐渐失控了。

在商品流通中，作为流通手段的货币，也取得了运动的形式，它不断地离开起点，从一个商品占有者手里，不断转到另一个商品占有者手里，但它不会因为最终从一个商品的形态变化系列中退出来而消失。

货币运动的过程因此是不断的、单调的重复，这就是货币流通。

从货币流通，再看商品流通的结果，即一个商品被另一个商品所代替，似乎不是由商品本身的形式变换引起的，而是由货币作为流通手段的职能引起的，似乎是货币使本身不能运动的商品流通起来。

虽然货币运动只是商品流通的表现，但看起来商品流通反而只是货币运动的结果。

流通，就不是停止的，就是运动的，但不停止的、运动的，如果是商品和货币的话，那么作为商

三、货币的魔术

品占有者和货币占有者的人,则是被动的、无力的,这标志着他们不能控制的社会联系得到了有力的发展。

一旦商品流通和货币流通运动起来,人就成了这个流通中的节点,它必须不断地扮演买的角色,卖的角色,买的角色,卖的角色。

从货币作为流通手段中,产生出货币的铸币形式。本来,金充当流通手段,就是代表交换价值,在这个过程中它不断转手,有货币的象征存在就够了。流通过程的自然倾向,就是要把金存在转化为金假象,用其他材料做的记号或象征来代替金属货币。

在实际过程中,金币受到磨损,金的名称和金的实体,名义含量和实际含量,开始了它们的分离,金在实现商品的价格时不再是该商品的真正等价物,铸币的出现因此成为必然。

铸币职能实际上与它们的重量无关,就是说,与价值完全无关。金的铸币存在同它的价值实体完全分离了。没有价值的东西,例如纸票,开始代替金执行铸币的职能,纯粹的象征性质于是暴露无遗。

纸币是金的代表，是金的符号或货币符号。金量由纸象征性地可感觉地体现出来。纸币代表金量，成为价值符号。

这个价值符号，却支配着经济社会的发展，也支配着很多人的生活。它越来越不是符号，不是形式，而越来越成为最实在性的东西，令很多人魂牵梦萦，令很多人费尽思量。

我们可以去听曾经的一首流行歌曲，它叫《钞票》，歌词值得寻味：

> 是谁制造了钞票\ 你在世上称霸道\ 有人为你卖儿卖女啊\ 有人为你去坐牢\ 一张张钞票\ 一双双镣铐\ 钞票　人人对你离不了\ 钱呀　你是杀人不见血的刀\
>
> 面对闪光的钞票\ 多少人儿去动脑\ 有人为你愁眉苦脸\ 有人为你哈哈笑\ 东奔又西跑\ 点头又哈腰\ 钞票　你的威风真不小\ 钱哪　你把多少人儿迷住了\
>
> 看那诱人的钞票\ 在我眼前直闪耀\ 姑娘为你走错了路呀\ 小伙子为你受改造\ 是因为被你迷住了心窍\ 钞票　让人悲伤又苦恼\ 钱

哪＼你这杀人不见血的刀＼

人人都需要钞票＼赚钱你要走正道＼不要一心只为了钱啦＼被它牵着鼻子跑＼满脑子铜臭＼你就会摔跤＼钞票　生活之中不能少＼钱哪　不要把它看成宝中宝

6

一种商品要成为货币，必须同时执行两种职能：一种是价值尺度，一种是流通手段。从这两个基本职能中，还可以引申出货币的另外三个职能。

货币退出流通领域，停止流动，被储藏起来，货币就执行了储藏手段的职能。这是货币的第三个职能。

货币贮藏是从货币流通的条件中产生的，也有利于调节货币的流通。货币之所以被贮藏，是因为随着商品流通的扩展，货币的权力增大。

一切东西都要转化成货币，有了货币也就可以买到一切商品，货币能够消灭一切商品，消灭一切差别，它因此成了权力的化身。拥有它，就拥有权力，本来，它是社会权力的代表，现在因贮藏而变成了私人的权力。

商品是财富的堆积,货币则是财富的代表,储藏更多的货币,似乎就意味着拥有更多的财富。尽管货币只是商品价值的表现形式,但人们再也看不到商品的形式,而只会看到货币的力量。

贮藏货币的欲望按其本性来说是没有止境的,这必然就迫使货币贮藏者不断地从事西西弗斯式的积累劳动。西西弗斯是古希腊神话中的人物,因触犯众神,被罚推动巨石上山。巨石到山顶即重新滚下来,他就再推上去,再滚下来,循环往复,没有止境。

西西弗斯是徒劳执着的典范,马克思用他来形容货币贮藏者,说明货币激发了人的悲剧性的追求,让人追求一种注定不可能实现的目标,但乐此不疲。货币成了货币贮藏者的绝对偶像,为了"追星",货币贮藏者可以不惜牺牲自己的肉体享受,不惜牺牲一切。

贮藏不为别的,就是为了贮藏,不断地贮藏。生活不为别的,就是为了钱,为了钱,一切皆可抛。哪怕天天看看它,没机会花出去,也值得。这样的货币贮藏者,在今天的社会里,也是依然存在的。

贮藏货币的欲望按其本性来说是没有止境的,这必然就迫使货币贮藏者不断地从事西西弗斯式的积累劳动。

我们经常会问，他要那么多钱干什么？马克思给出了回答，就是为了去看，看看自己贮藏了多少，哪怕是要半夜偷偷地去看。

在商品流通中，还可能出现一种情况，那就是购买了商品，不马上支付货币。货币占有者先购买，后支付。卖者成为债权人，买者成为债务人，货币取得了另一种职能，即支付手段的职能。这是货币的第四个职能。

货币的支付，标志着流通的结束，这说明，货币不再是过程的中介，它作为交换价值的绝对存在，独立地结束这一过程。货币更显示出自己的强大，不再作为中介者，而作为"终结者"。

货币作为支付手段，使买者和卖者的矛盾，演化为债权人和债务人的矛盾。本来买者和卖者就有一定的对立性，现在这种对立性则进一步强化。货币是在未来支付，它就增加了风险。一旦不能支付，便会导致商品流通的未完成，便会使卖者或债权人受到损害。

货币越出一国领域，在世界领域充当一般支付手段、一般购买手段和一般财富的绝对社会化身，就是执行世界货币的职能。这是货币的第五个职能。

货币充当一般支付手段，就是平衡国家贸易差额；充当国际购买手段，就是维持各国间通常的物质变换的平衡；充当财富的绝对社会化身，就是实现财富在不同国家之间的转移。

货币执行世界货币职能，必须用贵金属来表现，所以在这里，占统治地位的是金和银。马克思有个很形象的说法：金银作为铸币穿着不同的国家制服，但它们在世界市场上又脱掉这些制服。

货币执行世界货币职能，就是金和银在不同国家的流通领域之间不断往返。不能用铸币、纸币，只能用本来意义上的货币，即金和银。所以，货币的存在方式与货币的概念相适合了。货币又是真正的货币了，而不是它的符号，铸币和纸币了。

货币，一种商品，一种特殊的商品，就是这样通过不同的制服与面具，扮演着让人眼花缭乱的角色，让人搞不清楚它是什么，让自己成为被崇拜的绝对偶像。

四、资本的出场

（第二篇　第4章）

作为《资本论》的真正主角，资本现在终于出场了。

就像看一部关于大人物的传记式电影，他的成长经历了不同阶段，他的商品阶段，他的货币阶段，现在进入资本阶段。

也像看一部开始了很长时间主角都没出来的电影，观众只看到一个戴面纱的人晃来晃去。终于，这个人揭开了自己的面纱，原来他就是主角。

资本就是商品，就是货币，《资本论》的主角从开始就出来了，只不过它带着面纱，我们没看清。现在掀起商品、货币的面纱，露出资本的庐山真面目。

资本一出场，就是大阵势，它购买了作为特殊商品的劳动力。资本与劳动力一起，准备走进社会生产的新时代。

1

资本不是凭空冒出的,它出现于历史的进程中,是人类生产发展不断演进的结果。

商品流通是资本的起点。商品生产和发达的商品流通,是资本产生的历史前提。商品流通的过程,产生了货币,作为商品价值表现形式的货币。

资本起初正是以货币形式出现在历史舞台上。正如商品世界分化为商品与货币一样,货币世界分化为货币与资本,出现了作为货币的货币和作为资本的货币。

作为资本的货币,与作为货币的货币,虽同为货币,但有重大区别。这种区别从表面上看,在于它们具有不同的流通形式。

作为货币的货币,表现在商品流通的直接形式,即表现在 W—G—W 中。商品转化为货币,货币再转化为商品,为买而卖。这是简单的商品流通,商品是起点和终点,货币作为中介,人用自己的商品换来货币,是为了买到自己所需要的商品。

买到自己需要的商品后，商品退出流通，转入消费。这一循环的终极目的是消费，是满足人们的需要。因此商品流通是有止境的。

在商品流通的过程中，出现了另外一种形式，即 G—W—G。货币转化为商品，商品再转化为货币，为卖而买。这是作为资本的货币的流通，其中，货币是起点和终点，起中介作用的是商品。

货币占有者用货币购买商品，最后再用商品换来货币。通过这一循环，货币增殖了。G 在量上已经增长了，它加上一个增殖额，变成了 G′。

G—W—G′，为卖而买，为了贵卖而买，这就是资本在流通领域内表现出来的总公式。

从这个总公式中，马克思读出来的东西，比我们读出来的东西要多得多，他读出了剩余价值，读出了资本，读出了资本家，还读出了劳动力。

剩余价值在《资本论》中第一次出现了，它的第一次出现没什么神秘的，就是这个增殖额，就是这个超过原价值的余额。从它身上，现在什么也看不出来。

剩余价值这个词，在我们的心中很微妙。我们看待它的主观色彩太浓了,它曾经总与剥削相关,导致现在我们总是要有意无意地少去讲它,我们在回避它。

今天读《资本论》,我们很需要把它作为一个分析经济社会现实的学术词汇,作为一个相对客观的东西。就像看待价值一样,把它作为必要的抽象。

马克思也没有在此深究,因为他在这个场合的目的是指认主角,要告诉大家主角在历史舞台上出场。没有资本这一主角,谈剩余价值意义不大。

在这个流通过程中,资本露出了它的身影。货币占有者拿出货币来购买商品,是为了重新得到货币,得到更多的货币。原预付价值改变了自己的价值量,实现了增殖,货币按其所承担的使命来看,已经是资本。

马克思很敏锐地发现了资本,马上很简洁地给资本做了界定:为了价值增殖而去购买商品的货币,就是资本。

资本的目的一定是价值增殖,它购买商品,目的只是为了价值增殖,使货币的数量增多。而且,一次增殖还不够,它要不断地用新增殖的货币,再去购买更多的商品，再去收获更多的货币，投入更多，获得更多。

商品流通以获得自己需要的商品消费为结束，资本流通则要以获得无尽的货币为目的。资本因此有一个根本的特性，那就是永无止境。

资本的本质是什么？资本是特殊的货币，是能生货币的货币。货币是什么？是商品的价值表现形式。货币和资本因此只是价值的不同存在方式，那个在商品中看不见摸不着、但确实存在的价值，打扮得无比亮丽地现身了。

在商品的简单流通（W—G—W）中，商品的价值在与商品的使用价值的对立中，只是取得了独立的货币形式。它作为商品交换的中介，运动一结束，就消失了。

在作为资本的货币的流通（G—W—G）中，价值永不消失，它一会转变成货币，一会以商品作为自己的存在方式，它不断地从一种形式转化为另一种形式，并不断地改变着自己的量，成为一个处在过程中的、自行运动的主体。

价值作为实体，表现为商品、货币、资本。价值成了处于过程中的价值，成了处于过程中的货币，从而也就成了资本。

价值不再是抽象，现在变成具体，这个具体掩盖了它的抽象。马克思从商品的价值，走到资本的分析，完全贯彻了从抽象到具体的方法。但正因为从抽象的价值到具体的资本的转变，遮蔽了我们的判断，我们只能看到具体的资本，再也看不到资本背后的抽象。

马克思要说明的是，资本是自主运行的价值主体，是没有止境的价值增殖。资本的逻辑因此就是不停止的扩张，它必然要摆脱人的控制，要让人所需要的使用价值不再重要，要让社会的真正财富虚拟化。它要绑架人，要让人服务于抽象的财富，即价值的增殖中。

资本家也出场了，它就是原来的货币占有者，就是有意识地推动资本运动的、不断地去实现价值增殖的人。

先有了资本，才有了资本家。资本家是人，但他只是资本的人格化，是资本的代言人，是自觉执行资本意志的人，是有意识地让货币生成货币的人。

资本家很无奈，他必须遵循资本的逻辑。在这里，我们要坚信一点，人是社会关系的产物。一旦资本出现，它就要塑造出资本家。

资本家要以价值增殖为主观目的，而不是以使用价值为目的，追求抽象的财富是他唯一的动机。他不是为了谋求一次价值增殖，而是谋求价值增殖的无休止的运动。

想要成为资本家，并不容易。你首先要有货币，而且不能把货币用于贮藏，不能把它吃喝用尽，不能用它砸水坑。

资本家不能仅仅是货币占有者，不能仅仅是货币贮藏者。虽然，绝对的致富欲、价值追逐狂，是资本家和货币贮藏者共有的特点，但资本家不能和货币贮藏者同流合污：货币贮藏者是发狂的资本家，资本家是理智的货币贮藏者。

资本家比起货币贮藏者来说，更为理智，更加精明。货币贮藏者，靠贮藏，靠吝啬，来满足自己的致富欲望，只会导致个人的发狂，不会实现无休止的价值增殖。只有像资本家一样，不断地把自己拥有的货币投入流通，进行生产，才能实现无休止的价值增殖。

货币贮藏者是发狂的资本家,资本家是理智的货币贮藏者。

2

在商品流通中，货币购买商品，出卖商品，实现了价值增殖，成为资本。这只是形式上的，从表面看到的，这是资本出现的现象，它并不能说明资本出现的要件。

还必须从内容上、从本质上来说明，货币如何变成资本，如何实现价值的增殖。马克思又一次提醒我们，来看一下资本的总公式：$G—W—G'$。

生活中经常出现这样的事：面对一幅图片、一件事情、一种现象，粗略去看，没有任何问题，仔细推敲，就会发现问题很大。

商品交换是等价物的交换，用货币作为媒介的商品买卖也是等价交换，它不可能增大价值。但在这个流通过程中，出现了价值的增殖。这个总公式是有问题的。

为什么会出现这种状况？最简单的解释是，货币占有者干了贱买贵卖的勾当。他买得便宜，卖得贵。问题在于，贱买贵卖只是实现了商品价格的改变，不可能带来价值的变化。

四、资本的出场

而且,在交换过程中的人既是买者,又是卖者,双方总是处于重复轮流买卖的市场中,任何一方无法永远占据有利的特权。偶然的贱买贵卖,不足以解释必然的价值增殖。

马克思用了一定的笔墨证明:如果是等价物交换,不产生剩余价值,如果是非等价物交换,也不产生剩余价值。

单纯的流通或商品交换,根本不创造价值,不会产生价值增殖,不会产生剩余价值,因此也不会产生资本。

一个悖论出现了,我们都已经看到资本就是在流通中产生的,现在却又有结论说流通不会产生资本。

马克思如此来表述:资本不能从流通中产生,又不能不从流通中产生。它必须既在流通中又不在流通中产生。

有时候,我们不得不说,真是被马克思搞晕了。但搞晕我们的,其实不是马克思,是马克思所要分析的社会。

社会本身是充满悖论的,它缺乏"是就是、不是就不是"的简单道理，总喜欢向人昭示"是也不是，不是也是"的复杂逻辑。

如果货币不在流通中买到商品，它就不会成为资本。所以，资本的产生离不开流通。如果只是在流通中买到一般的商品，又把它卖掉，货币就不会成为资本。所以资本的产生不在流通中。

资本要产生，货币就必须在流通中买到特殊的商品。然后离开流通领域，消费这个特殊商品，产生出价值的增殖，并再通过流通卖出已经增殖的商品。

所以马克思说，货币占有者是资本家的幼虫，他要变为蝴蝶，必须在流通领域中，又必须不在流通领域中。

资本产生的关键，因此是在流通领域买到特殊的商品。这个特殊的商品，它的使用价值能使价值增殖，它就是劳动力。

什么是劳动力呢？劳动力，或者说就是人的劳动的能力，它存在于人的身体即活的人体中，是在生产某种使用价值时运用的体力和智力的总和。

劳动力要成为商品，要同时满足两个基本的条

四、资本的出场

件。一个基本条件是劳动力占有者能够自由地支配他的劳动力。他必须是自由的,不能是奴隶,他不能把自己完全出卖。他不放弃对劳动力的所有权,不把它一次性卖断,只是让买者在一定期限内使用。

就是说,先要保证劳动力是自己的,不是别人的。就此来看,资本主义生产方式让人成为自由的人,不再隶属于奴隶主,不再依附于地主,这是历史的进步。

另一个基本条件是,劳动力占有者自由得一无所有,没有生产资料,没办法自己生产商品去出卖。他只能出卖在他的活的身体中的劳动力,把它当作商品。

按理说,人使用自己的劳动力,从事生产劳动,生产出满足自己需要的劳动产品,这是再自然不过的事情,谁也不会愿意把自己的劳动力当成商品。

试问,谁会把自己最心爱的东西,直接关系身家性命的东西卖给别人?劳动力为什么被工人当作商品去出卖?一定是迫不得已,一定有说不出的苦衷。

一定是因为,人类社会发展到资本所主导的阶段,这种社会形态使人不直接占有生产资料,使人不能直接使用自己的劳动力为自己劳动。他的劳动力对自己来说已无用武之地，他不得不把劳动力当成商品，出售给货币占有者，来获取自己的生活资料。

这个阶段如何出现，马克思在此没有详细阐述。在《资本论》部分，即所谓"原始积累"部分，马克思会有交待，这自然是充满腥风血雨的运动。

有人说，现在哪还有人自由得一无所有，都变成了有产者。其实，我们要搞明白，马克思所说的自由得一无所有，主要是没有自己的生产资料，不再有自己的"一亩三分地"，不再有自己的"锄头镰刀"，不再有那头耕地的老黄牛，他为了生活，只能给别人打工。

马克思所说的无产者，在今天看来重要的不是说没有钱，没有房，没有车，而是没有生产资料，是说他的劳动本身不是属于自己，而是属于别人，他只能从别人那里拿到工资，哪怕是高收入。

马克思所说的无产者，对应的不是中产者、有产者，而是资产者。他要强调的是生产过程中劳动的人格化与资本的人格化的关系问题，而不是在社会生活中人是否拥有生活资料、有多少生活资料的问题。

马克思的进路是以无产者和资产者在生产过程中如何更为公平为出发点,寻求社会政治生活各领域的真正公平。在他看来,生产过程的公平是前提,是基础,没有生产过程中的公平,政治的、社会的、精神的公平都是虚伪的,哪怕是人人都有了钱,有了房,有了车。

货币占有者购买劳动力商品,支付劳动力的价值,获得劳动力的使用价值。这过程中要解决的问题有两个,即劳动力的价值如何衡量?劳动力的使用价值是什么?

劳动力的价值没有独特性,和其他商品一样,是由生产它所必要的劳动时间决定的。只不过,劳动力作为活的个人的能力,以活的个人的存在为前提,劳动力的生产,因此就是工人本身的再生产或维持。

而工人总有家庭成员,总有还没有参加劳动的子女。工人的再生产和维持,因此总意味着工人本人及其家庭成员的维持。维持工人及其家庭成员的生活，必然需要一定的生活资料。

劳动力的价值，因此可以归结为一定量生活资料的价值，即维持工人及其家庭成员所必要的生活资料的价值。

工人需要的必要的生活资料到底有多少，它受自然、文化、习惯、生活、斗争等很多因素的影响，并不容易确定。这一点和其他商品不同，劳动力商品的价值量，有活人掺杂在其中，因此包含着历史的和道德的因素。

但工人需要的必要的生活资料必然会有个最低限度，就是这些生活资料要保证工人活下去。劳动力价值的最低限度，因此，也就是保持工人继续存活下去所需要的商品量的价值。

劳动力商品的独特性并不体现在它的价值上，而是体现在它的使用价值上。资本家看重的也是劳动力的使用价值，因为劳动力的使用价值，就是劳动。而劳动创造价值，超过一定时间的劳动，就会带来价值的增殖。

资本家在流通中购买工人的劳动力，劳动力直接让渡给资本家。但不像其他商品，购买了就可直接获得使用价值，劳动力商品的使用价值不是立马被购买者获得的。

资本家要在生产领域消费劳动力，获得劳动力的使用价值即劳动。资本家总是先使用工人的劳动力，在使用一段时间后，才支付给工人劳动力的价值，用货币表现即工资。资本家对工人的劳动力，遵循的方针是：先消费，再支付。

工人卖出劳动力以后，不能马上获得工资，只有等到资本家消费了它的使用价值后，才获得劳动力的价值。

马克思说，这是一种信贷关系，是工人给资本家以信贷。这种信贷已经意味着工人的弱势地位，因为它隐含着一种可能，那就是工人在劳动后，遭遇资本家破产或者其他因素，工人就会得不到劳动力的价值，拿不到工资。

马克思的这个观点不幸得到论证。企业老板破产卷铺盖走人，工厂长时间或无限拖欠农民工工资，导致工人付出辛勤劳动也拿不到工资，一度成为中国社会备受关注的现实问题。

3

现在已经完全明了，货币在商品流通中遇到了劳动力商品，实现了价值的增殖，成功羽化为资本。

从商品到货币，到资本，这是逻辑的推理。逻辑的推理与人类社会的历史进程相一致，这样做，才是遵循历史与逻辑相统一的方法。

在理论分析之后，马克思强调，资本的出现是历史的产物。产品成为商品，需要一定的历史条件。货币作为价值表现形式，需要一定的历史条件。货币发展到资本，也需要一定的历史条件。

有了商品流通和货币流通，并不表示就具备资本存在的历史条件。只有拥有生产资料的货币占有者在市场上找到出卖自己劳动力的自由工人的时候，资本才会产生。

货币碰到自由劳动力，是以往历史发展的结果，是许多次经济变革的产物，是一系列陈旧的社会生产形态灭亡的产物。马克思说，单是这一历史条件就包含着一部世界史，因此，资本一出现，就标志着社会生产过程的一个新时代。

四、资本的出场

资本从商品世界中脱颖而出,仰赖于两大特殊商品的结合:一个是货币商品,一个是劳动力商品。

货币的特殊性在于它能够表现一切商品的价值,它能去购买一切商品;劳动力的特殊性在于它的使用价值是劳动,劳动能够使价值增殖。当货币买到劳动力,两个特殊的商品结合在一起,更加特殊的资本就出现了。

没有劳动力,就没有资本。资本的出现,与劳动力成为商品是同步的。如果不出现自由劳动力,货币购买不到劳动力,它就只能是货币,就不是资本。

资本总是要和劳动力结伴而行,他不能离开劳动力而独自存活。资本爱劳动力,就像老鼠爱大米,它不仅爱大米赐它食,还爱大米再生大米。

资本与劳动力的对立,自此在人类社会历史的进程中开始了。

需要在此总结的是,《资本论》有两个主角,一个是资本,一个是劳动力。资本是反面人物,劳动力是正面人物。

《资本论》因此有两条线索。一条线索围绕资本，讲述资本如何从商品、从货币中生成，又如何去组织生产，如何去积累。

另一条线索围绕劳动力，讲述劳动力作为人的劳动能力，却成为特殊的商品，人的劳动作为社会真正财富的源泉，却成为劳动力商品的使用价值，被资本所俘获，成为服务于资本的劳动。

《资本论》就是讲述资本与劳动力两大主角如何出现、如何对立的问题。两条线索一直在交叉，互相重叠，现在则变得非常明朗。

马克思在资本与劳动力的关系中，当然看到的是一种不正常，是一种颠倒。现实社会的一切，都是人类劳动的产物，都是社会历史演进的结果。但人的劳动创造的东西，社会发展演进的东西，不代表人就能够操控它。人所结成的关系，不代表人就能随便改变它。资本作为人类社会生产活动的产物，资本所定位的资本家与工人的关系，就是如此。

劳动创造劳动产品，劳动产品在交换中取得商品形式，商品的价值形式自主进化出货币、资本，资本反过来把劳动力转化为商品，把劳动力占有者定位为工人，把劳动纳入自己的麾下，由自己所操控，来满足自己不断增殖的欲求。资本是死劳动，发

　　资本总是要和劳动力结伴而行,他不能离开劳动力而独自存活。资本爱劳动力,就像老鼠爱大米,它不仅爱大米赐它食,还爱大米再生大米。

挥作用的劳动力，是活劳动，活劳动被死劳动所困。

人的劳动再也不是满足人的需要，而是服务于资本的增殖，多数人的劳动服务于少数人财富的不断增多，这是多么有悖论性的逻辑啊，这是多大的颠倒啊！

但资本与劳动力的这种颠倒，劳动力的买和卖，在流通领域，看起来是<u>丝毫没有问题的</u>。以至于我们都会认为，劳动力的买和卖是如此正常，正如拿人钱财，替人消灾，拿人工资，替人劳动，天经地义。

不仅是很正常，而且还好得不得了。有些人甚至还能从其中看到自由、平等、所有权、利己与利群的统一。

劳动力的买者和卖者根据自己的自由意志，作为自由的、在法律上平等的人，来缔结契约；他们彼此作为商品所有者发生关系，用等价物交换等价物；每个人都只支配自己的东西，不想着去抢夺别人的东西；双方在只顾自己的利益的同时，完成着互惠互利、共同有益、全体有利的事业。

自由、平等、所有权、私人利益、共同利益，什么都有了，这不是天赋人权的真正伊甸园吗？这

四、资本的出场

不是人间天堂吗？

马克思提醒道，不要以为这是真相，这只是表象。劳动力的消费是在市场以外，是在生产领域。只有在生产场所，我们才能看到资本生产的秘密，看到赚钱的秘密，看到背后不可告人的东西。

一旦离开简单的流通领域，我们就会看到剧中人的面貌已经起了变化：

> 原来的货币占有者作为资本家，昂首前行；劳动力占有者作为他的工人，尾随于后。一个笑容满面，雄心勃勃；一个战战兢兢，畏缩不前，像在市场上出卖了自己的皮一样，只有一个前途——让人家来鞣。

马克思让我们离开嘈杂的、表面的、有目共睹的流通领域，进入到隐秘的生产场所。这个生产场所写着"非公莫入"，如果你看到或想到这四个字，就没进去，你也就失去了知道资本秘密的机会。

我们必须敲开这个门，进入到生产的场所。马克思从此之后，离开商品的交换领域，离开商品的流通领域，进入到生产领域，资本的生产领域。

五、生产的过程

（第三篇~第五篇　第5~16章）

跟随马克思，我们来到了资本的生产领域，来看看资本主导的生产过程。

就像一部电影总是先有铺垫，然后有高潮，《资本论》这部电影在足够的铺垫之后，迎来了它的高潮。资本指挥着劳动力大军，使其运用生产资料的武器，大张旗鼓地投入到生产的洪流。

马克思要还原资本生产的真实场景，还要揭穿资本生产的惊天秘密，他要透过资本生产的表象，看到资本生产的本质。他不仅要表面的故事，还要背后的故事。

不仅有轰轰烈烈的大场面，还有深度的理性反思。马克思打造的是一部场面恢宏、又思想丰富的史诗巨制。

五、生产的过程

1

人们的生产劳动总是在特定的社会形式下进行，但只要是人类社会的生产过程，无论在什么社会形式之下，都有统一性。资本的生产过程，也具有生产劳动的一般性质。

劳动过程，是制造使用价值的有目的的活动，是为了人类的需要而对自然物的占有，是人和自然之间的物质变换的一般条件，是人类生活的永恒的自然条件，因此，它不以人类生活的任何形式为转移，倒不如说，它为人类生活的一切社会形式所共有。

劳动过程的要素无怪乎三类：有目的的活动或劳动本身、劳动对象和劳动资料。劳动过程，因此就是人的有目的的活动，借助劳动资料，使劳动对象发生预定的变化，生产出满足人的需要的产品。

从产品的角度考察，劳动资料和劳动对象二者表现为生产资料，有目的的活动即劳动本身表现为生产劳动。劳动过程，因此就是人的生产劳动借助于生产资料生产出产品的过程。

资本的生产过程，具有劳动过程的一般属性，也有它最根本的特性，那就是劳动过程中的一切因素，物的因素和人的因素，客观因素和主观因素，即生产资料和劳动力，都是从属于资本家的。

劳动力的使用属于资本家，工人在资本家的监督下劳动，劳动产品以商品形式出现并归资本家所有。资本家所关心的也不是使用价值，而是交换价值，是价值。

商品本身是使用价值和价值的统一，生产商品的过程因此是劳动过程和价值形成过程的统一。劳动过程是生产使用价值的过程，价值形成过程是生产价值的过程。

对资本的生产而言，仅仅是价值形成过程是不够的，资本家的付出，不会是竹篮打水一场空，它要求实现价值的增殖。资本的生产过程，因此是劳动过程和价值增殖过程的统一。

资本的生产过程的二重性，使劳动过程中的劳动者发生了变化，变成了"生产工人"。强调一下，"生产工人"的概念才真正在《资本论》中正式使用。生产工人其实就是劳动力占有者，在商品的流通中，他是劳动力占有者，在资本的生产过程中，

五、生产的过程

劳动力占有者变成生产工人。

马克思说，只有为资本家生产剩余价值，或者为资本的自行增殖服务的工人，才是生产工人。生产工人包含着一种特殊社会的、历史地产生的生产关系，这种生产关系把工人变成资本增殖的手段。所以，他的结论是：成为生产工人不是一种幸福，而是一种不幸。

马克思真的是高手，令人叹服。从商品，到货币、到资本、到资本家、到工人，他每一个重要的概念都是在理论逻辑的演绎中，在历史进程的描述中推出的。因为，他明白，工人不是天生的，正如资本家不是天生的，他们都是在历史的发展进程中，随着历史进程的推进，随着新的生产方式、生产过程的出现而出现的。

资本的生产过程是价值增殖的过程，这种生产过程是如何完成价值增殖的呢？资本的各种因素都起着什么样的作用呢？

看看资本生产的前前后后：在生产开始之前，资本作为预付资本，一部分用于购置生产资料，另一部分用于购买劳动力。在生产过程中，劳动作用于生产资料，生产出新的产品；生产过程结束后，新产品出现了，生产资料被消耗了，只不过一些劳动对象一次性被消耗，一些劳动工具则经过多次才被消耗。

就生产资料来说，它们的使用价值被消耗了，被新产品的使用价值替代了。但它们的价值并没有被消费，而是保存下来，保存在另一种产品之中。

很简单的道理，花钱购买了原材料，购买了机器，这个钱一定要通过把生产的产品卖出去之后，赚回来。这本身就说明，生产资料的价值，就转移到了生产的新产品中。

生产资料价值的转移或保存，是通过劳动力的劳动来实现的。在转移保存生产资料价值的同时，劳动作为人类劳动力的耗费，把新价值添加到产品上。

劳动加进了新价值，也保存了旧价值。劳动力发挥作用的结果，不仅再生产出劳动力自身的价值，而且生产出一个超额价值，一个已经增殖的价值。劳动的双重功效，就在于把新价值加到劳动对象上，把旧价值保存在产品中。

花钱购买原材料，购买机器，生产出新产品，然后卖掉新产品，赚钱了，这表明必然是有新的价值出现了，必然是价值增殖了。

因此可以说，生产资料的价值的转移，再加上劳动力价值的增殖，共同完成了资本生产的价值增殖。

在这个过程中，购买了生产资料的那部分资本，即转化为生产资料，包括原料、辅助资料、劳动资料的那部分资本，在生产过程中只发生价值的转移，并不改变自己的价值量。因此，马克思把它称为不变资本部分，简称不变资本。

购买了劳动力的那部分资本，在生产过程中改变了自己的价值。这部分资本从不变量转化为可变量。因此，马克思把它称为可变资本部分，简称为可变资本。

原预付资本，只是从价值增殖的角度看，才有不变资本和可变资本之区别；从劳动过程的角度看，就只有生产资料和劳动力的区分。

区分出不变资本和可变资本，对马克思接下来的理论建构，意义非常重大，这个值得注意。

2

资本支付劳动力价值，劳动力则要通过一定时间的劳动，来偿还这部分价值。但羊毛出在羊身上，劳动力从资本身上拿不出羊毛，反倒是资本要从劳动力身上拔出更多的羊毛，它就需要劳动力更多时间的劳动，以保证自己获得增殖的价值，获得剩余价值。

资本获得剩余价值的秘密就在于，要保证劳动力的劳动一天所创造的价值，最大化地超过劳动力自身一天的价值。超过的部分越多，资本得到的就越多。

所以，资本主导下的劳动过程应该有两段时间。第一段时间用来生产劳动力的价值，偿还资本所支付的价值。马克思将这部分时间称之为必要劳动时间，将在这部分时间耗费的劳动称之为必要劳动。

这个劳动的付出是必要的，算是工人为自己劳动。总不能别人给了你钱，你不干活，在那儿聊天混日子吧，这于天理不合。我们常说，你要对得起发给你的工资，就有这个方面的意思。

第二段时间，工人超出必要劳动的界限做工，虽耗费劳动力，但并不为自己形成任何价值，这段时间形成剩余价值，马克思称这段时间为剩余劳动时间，这段时间所耗费的劳动称为剩余劳动。

在这部分时间，工人实际上为资本家劳动，为资本家的剩余价值而劳动。

这个地方是我们最容易质疑马克思的地方。在生产的过程中，资本与劳动力共同携手，各尽其职，各得其所，资本得到剩余价值，劳动力实现价值，工人看重第一部分劳动时间，资本家看重第二部分劳动时间。这不是很正常吗？

但按照马克思的理解，好像只有工人在劳动，工人的多余劳动被资本家占有，资本家却坐享其成。问题是，资本家不也劳动吗？他不也要有管理，有技术，有头脑，还要有抗风险的能力吗？他凭借这些，本来就应该得到他的份额，本来就应该按照自己的投入获得回报。

凭什么说，他只是榨取劳动力的劳动呢，而且还是无偿榨取呢？而且，一定的成本，必然得到更多的产出，资本家作为生产过程的组织者，也应该得到更多的东西啊？为什么，偏要以剩余价值，以价值的增殖来批判资本家的贪婪呢？

在这里，做出三点解释：第一，马克思认为使用价值的生产和丰富，更多的真正财富的生产，才是人类社会生产劳动应追求的结果。但资本的生产，把价值的无限增殖，把财富的虚拟形式作为目的，孜孜不倦于用钱生钱。这是马克思批判资本家追求价值增殖的贪婪的根源之所在。

第二，马克思从最归根结底的层面质询的是，资本与劳动力是各得其所吗？他们是公平地享有他们共同生产出来的成果吗？资本作为生产要素，当然应该拿到他应该拿到的东西，但资本却从劳动力那里拿到了太多的部分，造成了一部分人辛勤劳动却不能过上少数另一部分人所过的生活。

剩余价值是资本的生产的唯一目的，也是资本组织生产的根本动力。为了价值的增殖，为了剩余价值，生产过程的主宰者、组织者必然会想尽一切办法，尽可能地从劳动力的劳动时间上下工夫，来扩大剩余价值的份额，而不是扩大劳动力应得必要价值的份额。

马克思批判资本的生产，最核心的、最根本的不是批判生产出剩余价值，而是批判价值的增殖没有止境，价值增殖没有被社会成员共同控制，剩余价值没有在资本和劳动力两方之间得到合理分配。

第三，马克思对资本生产过程的批判，不仅仅是针对资本家与工人之间的不合理，针对人与人之间不公平的批判，而且还是对非人的资本与人之间的关系，对作为死劳动的资本与作为活劳动的人之间关系的反思。所以，马克思对资本有一段很形象的说法：

> 资本只有一种生活本能，这就是增殖自身，创造剩余价值，用自己的不变部分即生产资料吮吸尽可能多的剩余劳动。资本是死劳动，它像吸血鬼一样，只有吮吸活劳动才有生命，吮吸的活劳动越多，它的生命就越旺盛。

资本是"辛勤劳动的制造者"，它必然会发展成为一种强制关系，迫使工人超出自身生活需要的范围而从事更多的劳动。马克思没有明确地说，资本的强制关系也针对资本家。资本家无法停手，无法停下生产，他必须扩大规模，才能不被吞并。资本家和工人只不过是资本关系的产物，是资本关系重塑出来的人，一句话，都只不过是被资本所绑架了。

正是因为资本的强制性，围绕资本而建立的生产制度，在精力、贪婪和效率方面，会远远超过以往一切以直接强制劳动为基础的生产制度。这一点已经得到证明。

资本的生产过程，总是让人在以为很正常的情况下，偷偷地把不正常的东西塞进来。总是在光明的外表之下，隐藏着一个不太光明的逻辑。马克思要让人看到资本的生产过程的真相，看到生产过程的双方参与者是否收获了公平的结果。

3

要看清真相，马克思提醒的是注意剩余价值率。

什么是剩余价值率呢？马克思把它看作反映工人受剥削程度的准确表现，也就是生产过程中不公平的证据。这个剩余价值率，在马克思看来是可以算出来的。

生产之前投入的总预付资本是可以确定的，购买劳动力的可变资本是可以确定的，购买生产资料的不变资本是可以确定的，生产出的产品的总价值是可以确定的。剩余价值因此也可以确定，就是用产品的总价值额减去预付资本额。

剩余价值率，反映的是剩余价值的相对量，它就应该是可变资本价值增殖的比例，应该由剩余价值同可变资本的比率来决定。

因为，可变资本的价值等于它所购买的劳动力的价值，是工人在必要劳动时间内创造的价值，剩余价值则是在剩余劳动时间内创造的价值。所以，剩余价值和可变资本之比，又等于剩余劳动和必要劳动之比，剩余劳动时间和必要劳动时间之比。

又因为，必要劳动与剩余劳动总是体现在生产出来的产品中。产品可以分成三个量：一个量的产品代表生产资料的价值，一个量的产品代表生产过程中加进的必要劳动，最后一个量的产品则代表加进的剩余劳动。

代表剩余价值的那部分产品，马克思称为剩余产品。同理，我们也可以把代表必要价值的那部分产品，称为必要产品。剩余价值率，因此又等于剩余产品与必要产品的比例。

又因为，必要劳动和剩余劳动，又可以分别看成是工人为自己的劳动和为资本家的劳动。工人为自己劳动，是有酬劳动；为资本家劳动，是无酬劳动。必要劳动和剩余劳动的通俗表达，就是有酬劳动和无酬劳动。所以，剩余价值率，又等于无酬劳动与有酬劳动的比率。

将马克思在不同地方对剩余价值率的分析归纳起来，可得出：剩余价值率，就是剩余价值同可变资本的比率，就是剩余劳动与必要劳动的比率，就是剩余劳动时间与必要劳动时间的比率，就是剩余产品与必要产品的比率，就是无酬劳动与有酬劳动的比率。

落脚到无酬劳动和有酬劳动的比率，马克思一步一步地将剩余价值率简单化、明显化、通俗化，让人更加明白劳动原来有无酬劳动和有酬劳动之分，从而更容易判断自己有多少比例的劳动是不属于自己的。

剩余价值率反映劳动力的剥削问题，这是劳动力所关心的问题，不是资本所关心的问题。如果资本要关心的话，它也只是关心如何从剩余价值率中，看到扩大剩余价值量的方法。

五、生产的过程

这个剩余价值量如何决定呢？马克思在不考虑劳动力技术水平的情况下，总结了决定剩余价值量的三个规律：

规律之一，剩余价值量，等于预付的可变资本量乘以剩余价值率。

可变资本是资本同时使用的全部劳动力的总价值的货币表现。可变资本的价值，等于一个劳动力的平均价值乘以所使用的劳动力的数目。剩余价值量，因此就等于一个劳动力的价值乘以剩余价值率，再乘以同时使用的劳动力的总数。

由此可见，要保证剩余价值量，如果可变资本减少，可以通过劳动力受剥削程度的提高来抵偿；如果所雇佣的工人人数减少，可以通过延长工作日来抵偿。工人人数减少，但剥削程度提高，也一样可以生产出同样的剩余价值量。

规律之二，获得更多的剩余价值量，依靠提高剩余价值率，或者依靠延长工作日，来补偿工人人数或可变资本量的减少，是有不能超越的界限的。资本必须适当拿出更多的可变资本，雇佣更多的劳动力。

规律之三，在剩余价值率和劳动力价值一定的情况下，所生产的剩余价值量同预付的可变资本量成正比。预付的可变资本越多，规模越大，剩余价值量就越大。

总体来看，资本要获得更多的剩余价值量，一个要靠增加工人人数，一个要靠延长工人的工作日。

在具体的生产过程中，不可能不考虑劳动力的技术水平。如果考虑到劳动力的技术水平，就会看到剩余价值量取决于三个基本的因素：

一是工作日的长度。工作日的增加，会增大剩余劳动，从而增加剩余价值量。

二是劳动强度，即一定时间内耗费一定量的劳动。劳动强度的提高，同样的工作日就会生产出较多的价值产品，因此可以提高剩余价值量。

三是劳动生产力。劳动生产力，就是靠较小量的劳动获得较大量使用价值的能力。

对资本来说，最美好的事情就是延长工作日，增强劳动强度，提高劳动生产力。但天底下没有这么好的事情，天上不会掉这样的馅饼，它只能力图找到最佳组合。

对资本来说，最美好的事情就是延长工作日，增强劳动强度，提高劳动生产力。但天底下没有这么好的事情，天上不会掉这样的馅饼，它只能力图找到最佳组合。

4

资本的生产,采取了两套方案,首选的方案是把延长工作日作为重要手段,追求绝对剩余价值的生产。

什么是一个工作日呢?能够确定的是,它比一个自然的生活日短,它是两个部分时间的总和,即必要劳动时间和剩余劳动时间。但一个工作日,到底应该包括多长时间,是 8 小时,是 12 小时,还是 16 小时,确实是难以确定的,而且也是充满变数的。

工作日因此不是一个固定的量,它是流动的量。它的流动当然也有一定界限,它至少要超过必要劳动时间,要超过多少时间,取决于两点:一是劳动力的身体极限,再不休息、睡觉、吃饭,劳动力就干不动了,就要终结了。二是道德界限,即工人不能沦落为劳动机器,除了吃和睡就是劳动,要有时间供其满足他的精神需要和社会需要,要让他过人的生活。这两个界限都有极大的弹性,有极大的变动余地。

可以做个假设,假设一个人的身体极限是 20 小

五、生产的过程

时，满足精神和社会需要 1 小时，必要劳动时间是 8 小时，那么工作日的范围，就应该在 8 小时至 19 小时之间。

对于资本而言，它按照劳动力的日价值购买了劳动力，劳动力在一个工作日内的使用价值就归它所有，它当然要尽可能地延长工作日，如果可能，资本就会把一个工作日变成两个工作日。如果可能，一个工作日就应该是一昼夜 24 小时减去几小时休息时间。

可怕的事情发生了，资本渴望无限度地延长工作日，释放了人性中的魔鬼，激发了人的狼一般的贪婪性，工人成为人格化的劳动时间，个人的区别仅仅被当成劳动时间的区别。过度劳动的文明暴行发生了，马克思用这段话来形容当时的情景：

> 资本由于无限度地盲目追逐剩余劳动，像狼一般地贪求剩余劳动，不仅突破了工作日的道德极限，而且突破了工作日的纯粹身体的极限。它侵占人体成长、发育和维持健康所需要的时间。它掠夺工人呼吸新鲜空气和接触阳光所需要的时间。它克扣吃饭时间，尽量把吃饭

时间并入生产过程本身，因此对待工人就像对待单纯的生产资料那样，给他饭吃，就如同给锅炉加煤、给机器上油一样。

马克思用翔实的、可信的材料说明了当时资本的残暴，甚至还说，如果但丁还在，他会发现，他所想象的最残酷的地狱也赶不上制造业中的情景。

对《资本论》的学术化解读，可能使我们有意忽略马克思描绘的"悲惨世界""人间惨剧"。经济社会的繁荣，也可能让我们去相信，马克思所描述的耸人听闻的故事，只是以前的故事。

我们可以否认，事实往往过于残酷而让人不敢相信。但谁也不能否认这种依靠延长工作日，让工人在厂房、车间里工作 12 小时乃至更多的时间，让工人忍受恶劣的工作环境，让工人除了工作再无其他精神生活的事情，让工人没有尊严地劳动的状况，并不是销声匿迹了，并不是不存在于我们的世界。

劳动力占有者当然不会容忍这种状况，他们会想尽一切办法改变自己的工作状况。马克思也看到，工人渴望正常的工作日，他们并不会容忍这样没有

五、生产的过程

节制的摧残。他们稍稍清醒过来，就必然开始反抗。

在工作日的问题上，资本的权利和劳动力的权利出现了二律背反，资本因是买者而享有使用劳动的权利，工人因是所有者而享有对劳动的权利，如何界定一个双方都满意的工作日呢？

马克思表达了一个观点：权利同权利相对抗，而这两种权利都同样是商品交换规律所承认的。在平等的权利之间，力量就起决定作用。

马克思是冷峻的，他看到，只依靠工人的呼吁，对权利的呼唤，不可能解决他作为弱势群体的问题，也不可能推动社会朝向公平正义的目标迈进。工人需要为自己的权利而抗争，需要有自觉的主体意识，需要显示出自己的力量，以换来资本和权力的尊重，以推进财富的社会共享。

资本生产过程的深入推进，与工人阶级意识的觉醒、工人阶级力量的增强，是同生相伴的过程。只要有资本的运作，就会有工人的觉醒，就会有工人在意识到自己的利益后，为自己的工作生活条件的改善而奋斗，从而就会有对资本的制约，就会有社会的进步。这也是马克思要揭示的道理，而这个道理已经在现实中不断被证明。

通过延长工作日来生产剩余价值，这是绝对剩余价值的生产，这种生产的野蛮性，牺牲劳动力的残酷性，因劳动力的抗争，注定不会长久。资本必须采用其他的追求剩余价值的方式，来避免这种野蛮和残酷。有时候，过于赤裸裸了，这个身体又不是曼妙多姿，而是丑陋不堪，面对众人的指责，它就必须穿衣伪装一下。

5

资本的生产，采取的第二套方案，是在工作日特定的情况下，通过改变生产劳动条件，变革生产方式，提高劳动生产率，以缩短必要劳动时间，变相延长剩余劳动时间，相应地改变工作日的两个组成部分的量的比例。

这是相对剩余价值的生产方式。它不再靠绝对的劳动时间，绝对的劳动强度，不再打延长工作日的主意，而是要用尽可能少的时间，干足够多的事情。它让工人生产的时间减短，工人感受到的强度削弱，可生产剩余劳动的时间延长。这种相对剩余价值的生产因此更为隐蔽，更显合理。

　　资本必须采用其他的追求剩余价值的方式,来避免这种野蛮和残酷。有时候,过于赤裸裸了,这个身体又不是曼妙多姿,而是丑陋不堪,面对众人的指责,它就必须穿衣伪装一下。

相对剩余价值生产与绝对剩余价值生产是有区别的，绝对剩余价值的生产只同工作日的长度有关，相对剩余价值的生产同劳动的技术过程和社会组织有关。

当然，两者并不是绝对区分的。绝对剩余价值生产是相对剩余价值生产的起点，生产相对剩余价值的方法，同时也是生产绝对剩余价值的方法。所谓换汤不换药，药还是那种药，只是让药甜一点，好看一些，好喝一些。

在绝对剩余价值的生产中，本来劳动只是形式上从属于资本，在相对剩余价值生产中，劳动对资本的实际上的从属实现了。因为个人的劳动，已经是无力的劳动，是不可能再独立创造出产品的劳动，它必须在资本的组织下进行，在资本的社会化劳动下进行。

相对剩余价值的生产方式经历了三个阶段，即简单协作阶段、工场手工业阶段、机器大工业阶段。《资本论》是历史巨制，它有历史阶段的划分，有历史场景的图绘。

第一个阶段，简单协作阶段。协作是许多人在

五、生产的过程

同一生产过程中,或在不同的但互相联系的生产过程中,有计划地一起协同劳动的劳动形式。它是提高劳动生产力的基本方式,也是资本的生产的最基本形式。

劳动过程隶属于资本,发生的第一个变化就是,劳动过程转化为社会的过程,单个的独立劳动表现为协作的形式,较多的工人在同一时间、同一空间,为了生产同种商品,在同一资本家的指挥下劳动。

协作的劳动是结合的劳动,它不仅提高了个人生产效率,而且还创造了一种生产力,这种生产力就是集体力。集体力不是单个劳动者的力量的机械总和,其中的道理很简单,$1+1>2$。这种集体的劳动,会激励人的竞争心和精力振奋,从而提高每个人的工作效率,正如大家都知道的"男女搭配,干活不累"。

复杂的劳动过程,精心配制给不同的人,可以缩短制造产品的时间,可以生产出更多的财富,可以完成单个人的劳动不可能完成的,或者在很长时间内才能完成的任务。这是人类社会生产劳动的进步,不容置疑。

但从另一方面看,劳动过程的协作形式,使资本占有了更多的劳动力。资本支付的是单个劳动力价值的总和，但它现在拥有的是结合劳动力的价值，这个结合劳动力是大于单个劳动力价值的总和的。

资本并没有预付，没有购买，就获得了这种社会的生产力。因此，马克思说，劳动的社会生产力好像是资本天然具有的生产力，是资本内在的生产力。

在协作劳动的过程中，资本真正确立了自己的地位。起初资本对工人劳动的指挥，是一种形式上的结果。随着许多工人的协作，资本的指挥，就发展成为劳动过程所必要的条件，成为实际的生产条件。

一种局面出现了，在生产场所不能缺少资本家的命令，就像在战场上不能缺少将军的命令一样。

资本家享有了对劳动的指挥权，一个单独的提琴手是自己指挥自己，一个乐队就需要一个乐队指挥。资本光有指挥权还不够，它还要有管理、监督和调节的职能，资本这些职能交给了特殊的工人，就是监工或者经理。于是，一个由资本指挥的，由少部分工人管理、监督和调节的劳动过程，在历史上出现了。

资本家享有了对劳动的指挥权,一个单独的提琴手是自己指挥自己,一个乐队就需要一个乐队指挥。

归根结底，协作是属于资本的，而不是属于工人。工人的联系，工人的统一，不是自愿的、自主的，而是外在于他们的。协作是资本家的计划，显示出来的是资本家的权威，是资本的权力。

这种协作发展下去，工人将没有机会掌控劳动过程，而只能成为劳动过程中的棋子，成为任资本玩弄的棋子，马克思将在接下来的"工场手工业"和"机器大工业"部分，对此进一步发挥。

有一首叫《棋子》的流行歌曲，能够很形象地表达人在资本主导的生产过程中的尴尬地位，前提是把歌词中的"你"理解成资本，把"我"理解成在资本生产过程中的人：

想走出你控制的领域
却走进你安排的战局
我没有坚强的防备
也没有后路可以退
想逃离你布下的陷阱
却陷入了另一个困境
我没有决定输赢的勇气
也没有逃脱的幸运

我像是一颗棋

进退任由你决定

我不是你眼中唯一将领

却是不起眼的小兵

我像是一颗棋子

来去全不由自己

举手无回你从不曾犹豫

我却受控在你手里

6

随着资本的大规模运用,以分工为基础的简单协作,在工场手工业上取得了自己的典型形态。工场手工业在 16 世纪中叶到 18 世纪最后 30 多年,占居统治地位,在当时表现为社会生产的历史进步。

工场手工业,虽然是工场,但技术基础还是手工业,虽然是手工业,但已经采用工场的形式。它把原来的独立手工业者联合在一个工场里,进行分工和协作的生产,一方面把过去分开的手工业结合在一起,另一方面又在生产过程中进一步发展了分工。

工场手工业带来了局部工人的出现。

每个手工业工人从事的都不是完整的技艺，而是利用简单的工具，从事孤立的局部操作、特殊操作，他的劳动力就是终身从事这种局部职能的器官。作为总体工人的一个肢体，局部工人的局部性、片面性甚至缺陷，反倒成了优点。

工场手工业还造成了工人中间的等级划分。

局部工人的各种职能有的比较简单，有的比较复杂，有的比较低级，有的比较高级，所以各个劳动力需要不同的天赋能力，不同的教育程度，这样它就发展了一种由先天的和后天的技能构成的等级制度。与其相适应，工人被简单地分为熟练工人和非熟练工人。

工场手工业进一步重创了个体劳动力。

简单协作没有改变个人的劳动方式，而工场手工业却使它彻底发生了革命，从根本上使个人劳动失去了可能性。个人只有在资本所组织的分工与合作中，才能展开生产活动，他已经没有能力独立做一项的工作，生产出一个完整的商品。局部工人只有片面的技巧，多种多样的才能被压抑了，没有能力去拥有完全的知识、判断力和意志，他们已经失去对整个劳动过程进行全面把握的能力。

每个人就好像在一个生产的迷宫中,只知道自己所在的地方,根本辨别不出其他的任何地方,更别提对整个迷宫的路形的把握了。

为什么会如此?原因很简单,工场手工业分工,只是资本生产相对剩余价值的特殊方法。与简单协作一样,工场手工业的生产力也表现为资本的生产力,而不是表现为社会的生产力、共享的生产力。

工场手工业生产了资本统治劳动的新条件,只是表现为文明的和精巧的剥削手段,它只会让资本家手中的资本越来越多,社会的生活资料和生产资料越来越转化为资本。

尽管如此,工场手工业还不是资本的生产的最佳形式,根本原因就在于它以手工业为技术基础。以手工业为技术基础,资本就不能对生产过程进行科学的分解,就无法掌握全部社会生产,不能从根本上完全改造它。

以手工业为技术基础,熟练工人势必具有压倒优势的影响,资本不得不依赖于这些熟练工人的劳动,从而就无法建立起对劳动的绝对的统治。同时,

每个人就好像在一个生产的迷宫中，只知道自己所在的地方，根本辨别不出其他的任何地方，更别提对整个迷宫的路形的把握了。

非熟练工人的人数也极其有限，资本无法实现对更多劳动力的购买，从而无法进一步扩大劳动的规模。

随着工场手工业的进一步发展，机器被创造出来，大工业时代开始了，资本的生产迎来了一个新阶段。在这个阶段，生产劳动有了质的飞跃，我们要关心的是，劳动力的命运如何呢？

7

机器大工业是更复杂、更细致的协作形式。机器的应用，把巨大的自然力和自然科学引入生产过程，促进了更高程度的社会化的劳动，大大提高了劳动生产率。

但机器的出现，并没有把人从生产过程中解放出来，反倒是加剧了人在生产过程中的无助、无奈、无力。对待机器的应用，不能盲目乐观，应该有所保留，要看到它的积极价值，也要看到它的负面效应，这是马克思观察问题的视角。

马克思提醒，要注意机器在资本生产过程中的应用带来的问题。

第一，机器是人对自然力的胜利，而它的应用却使人受自然力奴役。

资本的生产，作为资本的增殖过程，追求的就不是工人使用劳动条件，而是劳动条件使用工人。随着机器的采用，这个逻辑在技术上取得了现实性。人的生产劳动过程，不再是围绕人，而开始围绕自动运转的机器来进行，人必须服从于机器体系的运转。

如果说在工场手工业中，是工人利用工具，终身专门使用一种局部工具，工人是一个活机构的肢体；那么在机器大工业的工厂中，就是工人服侍机器，终身专门服侍一台局部机器，工人被当作活的附属物并入独立于工人的死机构，转化为局部机器的有自我意识的附件。

机器不过是人生产活动的手段，现在变成吮吸活人劳动的手段。不再是人使用机器，而是机器使用人。在庞大的机器体系面前，工人所拥有的只是单个人的局部技巧，他面对的是巨大的自然力，是科学，是社会化的劳动，他越来越没有希望成为生产过程的主宰。

这真是巨大的讽刺，惊人的颠倒。如果马克思提出"机器人"的概念，他所指的意思肯定是：人是机器的人，被淹没在机器中的人，受机器所操控的人。

第二，机器本身缩短劳动时间，而它的应用却延长了工作日。

资本的生产过程，需要不停地、连续地运作，以保证生产资料不会被闲置而出现损失。机器大工业因此最符合资本的意图，与资本永不停止的价值增殖是互通的。

机器成为工业上的永动机，如果不是遇到自然界限，即人的身体的极限，机器就会不停地进行生产。如果可能，它真要把人都变成机器人，只要有电，就不停歇，就自动运转。

机器的运转让工人无限度地延长工作日成为可能。马克思认为，由此产生了经济学上的悖论，即缩短劳动时间最有力的手段，竟把人的全部生活时间都转化为劳动时间。

现在很习以为常的白班和夜班制度，你知道它为什么会出现吗？

按照马克思的分析，正是因为机器必须时刻运转，它要求把工作日延长到夜间。但又考虑到日夜不停地用同一劳动力，从身体上说是不可能的，因此，为克服身体上的障碍，就要求劳动力换班工作。

白天不懂夜的黑，上白班的人，有时不能领会上夜班的人的辛苦;而上夜班的人一旦有机会上白班，无疑又觉得幸福很多。这也成为生活的常态。

第三，机器本身减轻劳动强度，而它的应用却增强了劳动强度。

机器在运转，工人是不能停下来的。当不能延长工作日时，资本就力图不断提高劳动强度来补偿，机器的改进成为手段，其中有两个办法：一种是提高机器的速度；一种是扩大同一个工人看管的机器数量，即扩大劳动范围。

机器因此更紧密地填满了劳动时间的空隙，提高了劳动力的紧张程度。造成的结果是，工作日可能缩短了，但劳动的强度依然会损害人的健康，破坏劳动力。

第四，机器本身能使更多的人从劳动中解放出来，而它的应用却把更多的劳动力拉了进去。

机器大工业，使每一环节相对容易，打破了手工业中个人的力量和个人的技巧占优势的局面。所有的人都可以参加劳动，各种劳动力平等化或均等化了。以前可能离开熟练工人没法转，现在是离了

五、生产的过程

谁都可以转。

马克思讽刺道,资本是天生的平等派,它要求把一切生产领域内劳动条件的平等,当作自己的天赋人权。通过劳动条件的平等,资本就使工人的规模扩大了,使更多的人被划入到资本的直接生产过程中。

第五,机器本身增加生产者的财富,而它的应用却使生产者出现生活困境。

用机器生产相对剩余价值,直接的影响就是使劳动力贬值。利用机器,就要提高不变资本的投入,降低可变资本的比例,减少工人人数。所以,马克思说,机器是一个极强大的竞争者,随时可以使工人过剩。

技术进步有时潜在地代替工人,有时实际地排挤工人,工人不断被排斥又被吸引,被赶来赶去。而且,机器大工业的生产过程的急剧变革,决定了劳动的变换、职能的更动和工人的全面流动性,破坏了工人生活的安宁、稳定和保障。

第六,机器本身带来社会财富,但机器的应用却破坏财富的源泉。

马克思专门讲到了大工业对农民和土地的破坏。

他认为，在农业领域内，就消灭旧社会的堡垒——农民，并代之以工人来说，大工业起了最革命的恶作用。资本的生产，发展了社会生产过程的技术和结合，同时破坏了一切财富的源泉——土地和工人。

土地和劳动是真正的财富，是财富的源泉。资本的价值增殖，恰恰摧毁的是这种源泉，这才是最可怕的。并不是人不知道，而是没办法，资本追求的是虚拟的财富，不是使用价值，它强制性地让人也追求这种虚拟财富。

8

生产资料是人作用于自然的手段，是人的生产劳动必不可缺的条件，在资本的生产形式下，生产资料却和人相独立、相异化，而随着机器的发展，这种独立和异化又发展为完全的对立。

马克思把人与机器、人与技术的发展，描绘成如此之地步，可能会令我们感到诧异，认为马克思过于悲观地去看科学的发展与技术的进步，可能也会令我们中的人相信，技术发展将无可救药地让社会陷入困境之中。

五、生产的过程

马克思不是悲观的,他总是在揭示我们所看不到的困境之时,给我们带来乐观的情怀。大工业的长远发展,会带来新的希望。机器的大工业的灾难性,会带来未来的前景。大工业会带来生死攸关的问题,但它也同样会激发人类社会解决这种生死攸关问题的动力。

坏事会变成好事,不能看到坏事,就是坏事,要从坏事里看到好事。人的日常生活是如此,社会的历史进程也是如此。

机器大工业摧毁了普遍化的小规模的劳动过程,走向大的社会规模的结合的劳动过程,这是历史进步的必然趋势。它虽然将各种人置于机器运转之下,人与人的团结协作受资本所操控,但这种团结协作,这种结合劳动,在适当的条件下,必然会反过来转变成人道的发展的源泉。

马克思的观点是,劳动资料扼杀工人,机器吃人,但可恨的不是机器,而是机器的资本属性,机器的资本主义使用。马克思不是在批判机器,而是在批判机器的不正当使用。因此,摧毁的不应该是机器,而应该是机器对人的剥夺,是机器为少数人服务，而使大多数人成为机器的工具，也就是成为资本的工具。

因此，只要转变机器外在的社会形式，实现机器、技术以人为中心的运用，让机器取得共同占有的生产形式。一句话，消除机器大工业的资本外壳，就能够推动社会的全面进步，所以，关键的不是技术的发展，而是技术的运用。

在此重复一下马克思要表达的观点：问题不在于要不要追求价值的增殖，即剩余价值的生产，而在于价值增殖是否能被人所自由操控，价值增殖是否脱离使用价值的丰富，社会成员是否公平合理地参加价值增殖的过程，价值增殖的成果是否为社会成员所共同享有。

有时候，你必须得佩服马克思，当他批判资本，批判得连我们都感到义愤填膺时，他总会告诉我们，不要那么悲观，要看到希望，要找到通往未来发展的道路。

他是一个可敬的人，他不是完完全全的解构者，他在解构中总有建构；他不是盲目批判者，他在批判中总有建设性意见。这样的人，才配得上"千年思想家""千年哲学家"的称号。

六、工资的本质

（第六篇　第 17～20 章）

《资本论》不只有一个主角，它还有另外一个主角——劳动力，人的活劳动。劳动力在资本的生产过程中，扮演着极其重要的角色，现在有必要将镜头专门对准它。

这次聚焦的是，劳动力得到的回报是什么？资本获得的是剩余价值，劳动力获得的是工资。资本购买劳动力进行劳动，支付给工人工资，自然而然，无可怀疑。

事实真的如此吗？在工资的形式之下，究竟有没有什么猫腻？工资里又隐含着什么样的秘密呢？

马克思就是这样，揭穿一个秘密，再揭穿一个秘密，从商品的秘密，到货币的秘密，到资本的秘密，到生产的秘密，再到现在的工资的秘密。

他真是一个猜谜专家，而且就像猜灯谜一样，一

　　马克思就是这样,揭穿一个秘密,再揭穿一个秘密,从商品的秘密,到货币的秘密,到资本的秘密,到生产的秘密,再到现在的工资的秘密。他真是一个猜谜专家,而且就像猜灯谜一样,一个又一个,只不过,他猜的全是社会之谜。

六、工资的本质

个又一个,只不过,他猜的全是社会之谜。他真是在思考我们所未思考之事,认识我们所未认识之物。

1

在工资的形式中,有玄机。但玄机是什么?我们并不知晓。

像对日常生活中的商品、货币、资本的理解一样,我们对工资的理解,也停留在现象层面上,没有看到实质,甚至还沉浸于误解中。

马克思给我们的启发就是,要获得真知,就要把我们日常生活中最熟悉的东西,看成亟待仔细思考的对象。

哲学的任务就是启发你去思考,它从不认为任何事情是理所当然的,它要在不怀疑处有怀疑。思考当学马克思,穿透熟知,获得真知。

我们打破砂锅问到底,工资的本质到底是什么?

有回答,工资表现为劳动的价格。劳动有价值,它的货币表现形式,就是工资。支付工资,就是对一定量的劳动,支付一定量的货币。

在生产劳动的过程中,有钱的出钱,有力的出力，资本出钱，工人出力，资本购买劳动，发给工人工资，共同生产，实现双赢，好像谁也不欠谁的。而且，工人又是在提供自己的劳动以后，被支付报酬，好像资本所购买的就是劳动。

资本与劳动的交换，同其他商品的买卖一样，似乎正好验证了罗马法中契约关系的四个公式：我给，为了你给；我给，为了你做；我做，为了你给；我做，为了你做。一切合情合理，所谓干多少活，拿多少钱；拿多少钱，干多少事。

问题的实质是，劳动不是商品，不是商品的劳动，它怎么会有价值呢？

论证之一，商品的价值，是无差别的社会劳动，商品的价值量，由生产它所花费的劳动量来决定。如果说劳动是商品，有价值，那么就出现了这种局面：劳动的价值由劳动来决定。这显然同义反复。

论证之二，按照商品交换的基本原理，商品在出卖以前，必须是独立存在的实体，但劳动在出卖之前并没有物质性的存在。

论证之三，如果说劳动是商品，资本用等量的工资与等量的劳动相交换，资本便无法增殖，便不再是资本，资本的生产本身也就不复存在了。

价值是无差别的人类劳动，劳动是商品价值的实体和内在尺度，它本身没有价值。"劳动的价值"因此是个虚幻的用语。

但这个虚幻的用语为什么显得那么合理？它可能就像人的良心、人的名誉、人的爱情一样，没有价值，但有价格，并因有价格而成了商品，成了没有价值的商品。

在颠倒的商品世界，出现几个怪胎商品，并不稀奇。劳动会不会也是其中之一，马克思没有在此说明。

在商品市场上，资本购买的不是劳动，而是工人的劳动力。劳动力才是商品。如马克思所言，劳动力存在于工人身体内，它不同于它的职能即劳动，正如机器不同于机器的运转一样。

工资实质上是劳动力的价值或劳动力的价格，而不是劳动的价值或价格。所谓的"劳动的价值"，只是劳动力价值的不合理的用语。但劳动力的价值和价格，一旦转化为工资形式，就转化为劳动本身的价值和价格。

这一转化非常有隐蔽性，非常有欺骗性，以至于现实中的我们，可能大都相信工资就是劳动的价值和价格。

话语的转换，语言的装饰，常蕴含欺骗，这是生活中经常发生的事情。

资本需要这种虚幻的、欺骗的用语，它要让我们认为，工资支付的不是劳动力的价值，而是劳动本身的价值，劳动的价格。

因为工资表现为劳动的价值和价格，有助于掩盖现实的不公平的交换关系，显示出等价交换的表象。

资本会说，只要你劳动了，你就有工资。你是为自己劳动，而不是为别人劳动，劳动是自己的，不是别人的。一分劳动，一分汗水，一分耕耘，一分收获。

工资的形式，消除了工作日的必要劳动和剩余劳动的区分，消除了有酬劳动和无酬劳动的一切痕迹，全部劳动都表现为有酬劳动。

你再也不会想到，一分劳动，可能只有半分收获。一分耕耘，只带来半分耕耘的收获。

把工资理解为劳动的价格，对资本而言，还有一

资本会说，只要你劳动了，你就有工资。工资如果是劳动的价格，不是劳动力的价值，你就再也想不到，一分劳动，可能只有半分收获；一分耕耘，也可能只有半分收获。

个好处。那就是如果你的劳动没有达到你想要的结果，你不满意你的工资数目，资本会找到再正当不过的理由。

因为劳动的价格，是由供求关系的变化来决定的。如果供应的劳动太多，需求的太少，劳动的价格自然会降低，如果供应的劳动较少，需求的较多，劳动的价格就会提高。

有人说，如果你的工资没涨，不要怨天尤人，也不要怪社会不公，怪只能怪你自己命苦，社会对你的劳动的需求太少，你的劳动太不值钱了。

我们可能不再去恨资本，只恨自己的工资为何不涨。马克思在此提醒，不要为现象所迷惑，不要真以为供求完全决定劳动的价格，决定工资。

要去考虑，工资低，是因为：资本要素在生产的成果的分配上，在社会的财富的分配上，获得的份额过高，分到手的太多；劳动力为自己从事的劳动太少，为资本从事的劳动太多，在生产成果的分配中，在社会财富的分配中，获得的份额低，分到手的少。

关键的还是，资本与劳动力共同参与了生产，应该按一定的、合理的比例分配生产的成果。但在这个合理性、公平性上，并没有形成共识。

2

资本付给劳动力的工资，采取各种各样的形式，如定额工资、浮动工资、等级工资、绩效工资、奖金、津贴，还有令人称羡的年薪制等等，但无怪乎有两种基本的形式，一种是计时工资，一种是计件工资。

计时工资，再简单不过，就是按照时间来计算的工资。劳动力总是按一定时间出卖，资本也总是按照一定的时间，如月、周、日、小时来支付工资。

在计时工资部分，马克思提到了名义工资和实际工资之分。劳动力的价值，即劳动一天，获得一定的货币，就是名义工资。这一定的货币能够购买的生活资料的数量，就是实际工资。

有网友精心炮制了一个段子：

> 工资真的要涨了，心情更加开朗了，能给孩子奖赏了，见到老婆敢嚷了，遇到同学敢讲了，敢尝海鲜鹅掌了，饭后买单敢抢了，闲时

能逛商场了……结果物价又涨了,一切都白想了。

原因就在这里,名义工资再高也没用,真实的是实际工资。正如虚高不是真高,虚胖不是真胖一样。

马克思探讨名义工资和实际工资,充分说明,他不是不食人间烟火的思想家,不是屋顶上的哲学家,他生活在现实社会中,他也讲很生活化的道理。

计时工资,在马克思看来,由三个因素决定,即工作日长度、劳动价格和劳动力价值(日工资)。

所谓劳动价格,就是日劳动力价值除以工作日长度,就是劳动力的平均日价值除以平均工作日的小时数,也就是用一天的工资额除以一天劳动的量。

你劳动一天,拿到一天的工资额;劳动一周,拿到一周的工资额,并不能衡量你的劳动的价格。光看每天工资多少、每周工资多少,不能说明你的劳动的真正价值,说明一个人劳动价格的高低。

日工资、周工资和劳动价格应该区分出来。这就好比有人一天工资 100 元,有人一天工资 200 元,

六、工资的本质

你并不能说谁的劳动价格高,你还要知道这两个人一天劳动的时间。

劳动价格,应该是衡量工资水平的真正标尺。马克思把一个劳动小时的价格,即劳动价格,当成计时工资的计量单位,用心良苦。

从劳动价格的计算中,我们可以看出,在名义上提高日工资、周工资的同时,劳动价格可以是不变甚至下降的。

言外之意,可以通过不减少工资的方法,来降低工人的劳动价格。可以在涨工资的名义下,来减少工人劳动的价值。

不要以为自己工资涨了,就一定意味着自己的劳动得到了充分尊重。这点会让有些人难以承受,但它是有道理的。

利用计时工资的形式,资本有了更大的主动性,它可进可退,可增可减,能够更好地按照自己的需要掌控劳动力的劳动。

采用计时工资的形式,资本的义务就不再是支付劳动力价值,它现在愿意雇佣工人劳动多少小时,就支付多少小时报酬,这就变相地压缩了工人的工作日长度，而工人维持生活所必要的劳动时间就不能得到保障，他就会因就业不足而带来生活困难，使工人无法购买充足的生活资料。

资本的灵活性在于，当有利可图时，资本就付给工人高工资，把工作日延长到超过正常的限度；当不景气时，资本就不再支付工资，给工人带来相对的或完全的失业。这样的事情，是如此地正常。

善良的工人甚至还会想不能怪老板，我没干活，就不应拿钱，所以他们只能盼望着资本能赶快找到项目，好让自己挣到钱。资本既获得了谅解，还获得了工人善意的"盼望"。

殊不知，本来自己是"杨白劳"，还偏要去同情"黄世仁"！

资本无需同情，它只会利用同情，它其实摆脱了负担，不需要平时养那么多人，并能按照自己的方便、意愿和眼前利益去行事，导致工人要么闲得要死，要么累得半死。

有了计时工资的形式，习惯上就会出现正常工作日和实际工作日的差别。资本把一定点的工作日当成是正常的，超过这个界限的劳动时间形成额外时间，资本以小时为计量单位付以额外报酬。

资本既获得了谅解,还获得了工人善意的"盼望"。殊不知,本来自己是"杨白劳",还偏要去同情"黄世仁"!

实际工作日总会大大长于正常工作日，正常工作日可能只有8小时，但工人拿到的工资不足以养家糊口，他要想挣到更多的钱，就必须拿到额外报酬，必须加班，实际工作日因此就拉长了。在8小时工作制的名义下，还工作12小时甚至更多时间的工人，在今天依然存在。

马克思还看到的是，报酬只有正常报酬与额外报酬之分，有正常工资和加班工资之分，这种区分就进一步把剩余劳动、无酬劳动存在的事实给隐蔽了。所以，工资起到了一种很好的作用，那就是掩盖了资本对剩余价值的榨取。

工人当然搞不懂剩余劳动，他也看不到无酬劳动，他现在只希望用更多的劳动时间，拿到更多的工资。事实并不遂人愿，马克思一语道破天机，工作日越长，工资就会越低。

工资高低，不取决于工作时间的长短，我们可能都会认同。马克思要说的并不在于此，他的推论是：劳动时间越长，劳动价格就越低廉，日工资或周工资就会下降。日工资或周工资下降，劳动价格就低廉，劳动时间就要越长。

这真是一个可怕的恶性循环，其中的真理性在于，靠延长工作日提高工资，纯属妄想。这正中资本的下怀，这种做法只是把更多的劳动投入到资本的怀抱。

对劳动力来说，要改变自己的命运，重要的不是延长工作日，而是破除劳动的资本属性，让劳动属于社会，属于社会中的每个人。这是马克思要表达的深层次意思。

3

计件工资是按照劳动生产出来的产品的数量来计算的工资。

就形式而言，计件工资不管劳动了多少时间，不管劳动的强度有多大，不管劳动生产力的高低，它只管劳动的结果。

不管过程，只管结果，不管是否用了"九牛二虎之力"，只管结果是否是"九牛二虎"。

相对于采取计时工资形式而言，计件工资形式有一定进步性，因为资本不再需要严密地关注劳动过程，这给了工人更大程度的自由空间，有利于促进工人个性的发展，从而促进自由精神、独立性和自我监督能力的发展。

但计件工资的形式，同计时工资的形式一样，是不合理的。工资支付形式的区别，丝毫没有改变工资本身的本质。何况，计件工资只不过是计时工资的转化形式。

形式上的不同，不意味着实质内容的不同。我们不能被形式主义所蒙蔽，而是应该拿出实实在在的内容来破除形式主义。

在实行计时工资的情况下，劳动由劳动直接持续的时间来计量；在实行计件工资的情况下，劳动则由一定时间内劳动所凝结成的产品的数量来计量。劳动的价格，在前一种情况下决定于劳动力的日价值，在后一种情况下则决定于日劳动的价值，而"劳动力的日价值"与"日劳动价值"是等同的。

计件工资实际上也不能完全遮蔽必要劳动和剩余劳动的存在。在实行计时工资的情况下，我们可以说工人工作的时间，一半是为自己劳动，一半是为资本家劳动；在实行计件工资的情况下，我们也可以说，一件产品一半是有酬的，一半是无酬的。

一边是海水，一边是火焰，你再把它们糅在一起，它们也不会自动消失，它们还会被人分得清清楚楚。

当然，计件工资的形式确实更为隐蔽。在这种形式里，一方面，支付工资，似乎不是因为工人出卖的是劳动力的职能，即活的劳动，而是已经对象化在产品中的劳动，价值关系没有得到直接表现。

另一方面，劳动的价格，似乎不再由劳动力的日价值除以一定小时数的工作日来决定，而是由生产者的工作效率来决定。劳动的价格，似乎就远离了劳动力的日价值，而与工作效率紧密关联。

计件工资形式的隐蔽性，说明它是最适合资本的生产方式的工资形式，是更有利于资本的发展的工资形式，它更好服务于资本的表现有以下几方面：

其一，劳动的质量由产品本身来说明，劳动产品决定劳动。产品必须具有一定的质量，计件工资才能得到完全的支付。

这就为克扣工资准备好了足够的借口，资本不能给你那么多，是因为你生产的产品质量不过关。其逻辑正是：别怪我，是因为你不够好。不是我的错，都是你的产品惹的祸。因此可以说，计件工资是克扣工资和进行欺诈的最好的手段。

其二,计件工资提供了计算劳动强度的确切尺度。工人的劳动强度,可以通过产品的数量来量化,他是否达到平均的工作效率,也能够一眼看得出。

这就给工人带来压力,他必然要争取生产出更多的"件",以保证自己超过平均数,保住自己的工作和工资。每个人不断提高自己的劳动强度,最终便利了资本提高劳动强度的正常程度。

其三,计件工资更容易形成包工制度,在资本和工人之间创生出寄生者。资本家与工头签订按件计酬的合同,工头则招募工人进行劳动,并支付他们工资。资本对工人的剥削,也因此通过工人对工人的剥削来实现。

作为中间人的工头从中渔利,使资本该付给工人的一部分工资,成为中间人的利润。如果说马克思谈到了"包工头"的问题,这一点当不为过。

其四,由一定量的产品来计算工资,各个工人的实际收入,就会因其技能、体力、精力、耐力等方面的不同而有很大的差别。有差别、有差距才会有动力,计件工资必然促进工人之间的互相竞争。

计件工资因此有一种趋势,就是在把个别工资提高到平均水平以上的同时,把这个水平本身降低。因为随着工人竞争所生产的产品件数的增加,计件工资必然会降低。

这又是一个悖论,生产的东西越多,不代表你收获的越多,这是商品社会经常出现的问题。因为生产太多的是使用价值,而商品生产者想要获得的是交换价值。使用价值的多少,不是和交换价值的多少相一致的。

比如农作物的"丰产不丰收"现象,为什么农民挣到的钱少,不是因为农作物收成不好,而是收成太好,而收成太好,产品太多,价格就会卖不上去。

所以,会不会有人在那儿祈祷,千万别生产出太多,这个还真不好说。

4

在工资的分析上,马克思还有国际视野,他用专门的章节分析了工资的国民差异问题。

工资在同一时期,对于不同的国家来说,存在着差异。这个问题也是很现实的问题,因为我们常常会羡慕某某国家的工资水平高，某某地方的工资水平高。

马克思用相对简短的语言，表达了比较工资国民差异的看法。

比较工资的国民差异，根本上要知道工资的实质是劳动力的价值，因此必须考虑到决定劳动力的价值量变化的一切因素，这些因素包括：首要的生活必需品的价格和范围，工人的教育费用，妇女劳动和儿童劳动的作用，劳动生产率，劳动的外延量和内涵量。

如果我们要补充的话，可能还会这样补充，关键要看那个国家的房价、那个地方的消费水平等等。

比较工资的国民差异，要善于运用计时工资和计件工资的形式。

马克思说，最肤浅的比较，首先也要求把不同国家同一行业的平均日工资，转化为长度相等的工作日。要用时间来度量工资，而不是用货币额来度量。

做了这样的换算以后，再把计时工资换算为计件工资，看同等质量、同等数量的产品，带来的工资各是多少。

六、工资的本质

比较工资的国民差异，不是看工资的形式，而是看工资所反映的内容。不是要看名义工资，看货币的劳动力的等价物，而是要看实际工资，看供工人支配的生活资料。

名义工资高的国家和地方，实际工资不一定就高。不要以为一个国家和地方工人的工资高，就以为他们的工资真的就高。有的国家的货币值钱，有的国家的货币不值钱。现在我们说，关键看购买力。马克思对购买力问题也有洞见。

比较工资的国民差异，也不能只看工资高低，还要看劳动的强度。

强度较大的国民劳动比强度较小的国民劳动，会在同一时间内生产出更多的价值，从而表现为更多的货币。往往是工资越多，那个国家的国民劳动强度就越大。

没必要羡慕靠劳动强度获得高工资的国家。拼死拼活获得高工资，伤害了人的身体，破坏了人的生活，让人感觉不到幸福，感觉不到成就感，感觉不到快感，那就不值得去追求。

七、积累的真相

（第七篇 第 21~25 章）

故事还在继续。资本生产的秘密被揭穿后，资本再生产的秘密也将随之被揭穿。

资本积累理论将揭示，资本如何持续不断地进行剩余价值的生产，剩余价值又生产出剩余价值。原始积累部分，将采用倒叙的方式，讲述资本来到世间的秘密。

如果把资本生产、资本积累和原始积累分为三大部分，我们就可以说，资本积累是资本生产的续篇，原始积累则是资本生产的前篇。

这正像拍系列电影，第一部相当卖座，就拍了续集，续集反响又很好，就拍了前传。三部曲就奇迹般地出现了。

《资本论》的这三个部分，也可以看作三部曲。只不过它们联系得更为紧密，正好全景呈现了资本的前世、今生和来生。

1

资本的生产,不是一次性地,而是持续性地,一次又一次地,周而复始地进行。因此,每一个生产过程,同时就是再生产过程。资本的生产因此也就是资本的再生产。

这说明,资本追求剩余价值,不会一次追求够,不会一次就结束,它不提倡"让我一次爱个够",只会高喊"对你爱爱爱不完"。

资本的再生产有两种形式,一种形式是简单再生产,一种形式是扩大再生产。

简单再生产,就是用同样的资本,进行重复的生产过程。每一次生产的剩余价值被消费掉,生产出多少,就消费多少,还是把与原来一样多的资本投入到新的生产过程中。

马克思认为,不能小看简单再生产。在这里,我们摸清了马克思的一个窍门,那就是一旦出现"简单",就有"不简单"的道理要出来了。

简单再生产,虽然只是单纯的重复或连续,但能

资本追求剩余价值，不会一次追求够，不会一次就结束，它不提倡"让我一次爱个够"，只会高喊"对你爱爱不完"。

七、积累的真相

从中看到一些在孤立的生产过程中所看不到的特征，看到一些被遮蔽的真相。

真相之一，在生产过程中，资本家购买劳动力，付给其工资。好像工资或者可变资本，是资本家预付的。其实，工人拿到的工资，只是工人所创造的劳动产品的转化形式。

不要以为可变资本是资本家所预付的资本，工人今天的工资，只是用他上星期所生产的劳动产品的价值来支付的；下半年的工资，只是用他上半年的劳动产品的价值来支付的。只有从生产过程的不断更新来看，可变资本才不会被看作资本家的私人资本。

真相之二，原预付资本经过若干次再生产，就被资本家消费掉了，因而消失了，剩下的与原预付资本等额的资本，只不过是工人自己创造的剩余价值。

马克思算了个账，资本家拥有1000镑预付资本，每年创造剩余价值200镑，重复5年，资本家消费掉了1000镑，还剩下1000镑。这1000镑其实是工人5年无酬劳动的产物，原有资本的任何一个价值原子都不复存在了。

如果原来的1000镑还包含着资本家个人的努力，现在的1000镑则完全是工人的剩余价值了。也就是说，经过若干次再生产，预付资本就被剩余价值替换了。资本家就开始用剩余价值作为预付资本，购买工人的劳动力进行生产了。

真相之三，劳动力占有者没有生产资料，不具备劳动条件，只能出卖劳动力，为资本进行劳动，劳动产品归资本所有，这是资本生产的起点，从简单再生产过程中可以看到，这还是资本生产必然的结果，而且是不断被生产出来的结果。

工人所创造的产品，不断转化为资本的新的生产资料，转化为资本家的价值增殖手段和消费品，转化为不属于他的、并剥削他的权力，也就是转化为他自己的对立面。

生产得越多，不意味着就会消费得越多。为别人生产，生产得越多，只表示别人消费得越多。至于自己能分几杯羹，则要另说。这被资本的生产的结果所验证。

真相之四，从社会角度看，即使不在直接劳动过程中的工人，也同其他的劳动工具一样，只是资本的附属物,甚至工人的消费,在一定限度内,也不过是资本再生产过程的一个要素。

马克思指出,工人消费有两种,一种是生产消费,即通过自己的劳动来消费生产资料,生产出价值高于预付资本的价值的产品,这种消费因此起到了资本动力的作用。一种是个人生活消费,即把资本支付给他的货币用于购买生活资料。这种消费维系了和再生产了劳动力,为更好地服务于资本的生产奠定了基础。

这样来理解工人的消费,未免令人沮丧,工人似乎难逃魔爪,只能任人宰割。没有消费的机会,怪资本的剥夺,有了消费的机会,又正中资本的圈套。

马克思想要表达的意思是,工人如果只是作为资本的劳动工具,那工人的消费就只取得了独立性的假象,它的消费实际上也就只是为了资本的消费。这正是资本主导之下社会颠倒性的表现。

从简单再生产的考察中,马克思做出的总结是,资本的生产,不仅生产商品,不仅生产剩余价值,而且还生产资本关系本身:一方面是资本家,另一方面是雇佣工人。

本来在商品市场上，资本购买劳动力还是偶然的，随着再生产过程的深入，资本关系才被牢固地确定下来，人与人的关系，才被永久固化为资本家和工人，生产资料与生活资料的占有者和劳动力占有者之间的关系。

其中的道理是：生产过程的反复运行，形成确定的生产关系；生产关系的确定，则决定人将要扮演的角色。人不能选择自己的出身，是因为出身本身就是生产关系所决定的，就是生产过程的开展所形成的。

2

资本再生产的第二种形式是扩大再生产。

在简单再生产中，资本家花费了全部剩余价值，在扩大再生产中，他只消费了一部分的剩余价值，而把其余部分的剩余价值转化为追加资本，投入到新的生产过程中。

资本的扩大再生产，即以不断扩大的规模进行的再生产，就是资本积累。资本积累的过程，就是把剩余价值充当追加资本，生产出更多剩余价值的过程。

七、积累的真相

可以说，资本生产是生产剩余价值的过程，资本积累则是把剩余价值作为资本，再生产出剩余价值的过程。

考察资本的扩大再生产，考察资本积累，会看到商品生产的所有权规律，实现了向资本主义占有规律的转变。

在商品流通中，资本购买劳动力，是货币占有者与劳动力所有者的商品交换，是等价物交换。现在，这种资本化了的剩余价值，这种追加的资本，像原有资本一样购买劳动力，实际上表明的是，劳动力所生产的产物与劳动力本身对立。

劳动力的不断买卖，资本和工人之间的交换关系，仅仅成为等价交换的表面现象，成为神秘化的形式，与内容本身无关。其内容是，资本家用没有支付等价物的劳动的一部分，来不断换取更大量的他人的活劳动。

最初，对商品的所有权以自己的劳动为基础，你付出了劳动，你就拥有商品。所有的人都承认，商品交换的双方，都是权利平等的商品占有者，要想占有他人的商品，就必须让渡自己的商品。

现在，发生了变化，所有权对于资本家来说，表现为占有他人无酬劳动的权利，占有他人的产品的权利；而对于工人来说，则表现为不能占有自己产品的权利。资本主义的占有规律，因此就是占有他人产品的规律，占有他人劳动成果的规律。

这种变化悄无声息，好像一切如常。劳动力商品还是属于工人的，货币还是属于资本家的，还是一次又一次地购买，一次又一次地等价交换。没有"火眼金睛"，看不出等价交换背后的玄机，看不出占有方式已经发生的根本变革。

马克思要说的是，属于资本家劳动产物的资本，已经近于消失。现在的资本只是积累的资本或资本化的剩余价值，只是工人自己生产的劳动产品。这个事实被掩盖了，被假象遮蔽了。资本积累，其实积累的不是资本，而是劳动，是工人劳动的产品，是工人更多的劳动产品。

资本现在不再需要自己的劳动，就可以从工人身上拿到自己想要的东西。它开起了"皮包公司"，搞起了"传销"，做到了"空手套白狼"。可气的是，它的形式还是合法的，是公平的，它有等价交换的外衣。

资本现在不再需要自己的劳动，就可以从工人身上拿到自己想要的东西。它开起了"皮包公司"，搞起了"传销"，做到了"空手套白狼"。可气的是，它的形式还是合法的，是公平的，它有等价交换的外衣。

资本无需付出劳动，就能实现不断地占有，这保证了资本家财富的源源不断，保证了资本家有了享受的资本。但就形式而言，资本的扩大再生产，资本的积累，与资本家的享受是有矛盾的。

因为资本的动机，不是使用价值和享受，而是交换价值和交换价值的增殖。它要求把尽可能多的剩余价值投入生产，为积累而积累，为生产而生产，它要求人的致富欲，要求人的贪欲，也要求人的禁欲以及人的节制。

作为资本的人格化，资本家不可能完全贯彻资本的意志，因为他有消费的需要，有享受的欲求，他要求把一部分剩余价值用于享受和消费。在这种情况下，"资本家不再仅仅是资本的化身"。

但资本家和资本的矛盾，实际上很容易获得了解决，那就是既要享受，又要积累，积累和享受一个都不缺，相生相伴。

可以看到，奢侈被列入资本的交际费用，挥霍成为习以为常的事情。因为如果不奢侈，如果不挥霍，就显示不出资本的实力，就难以得到赚钱的机会。所以再差的公司老板也要开宝马，也要租豪华办公室，也要穷阔气。

可以看到,奢侈被列入资本的交际费用,挥霍成为习以为常的事情。如果不挥霍,好像就显示不出资本的实力,就难以得到赚钱的机会。所以,再差的公司老板也要打肿脸充胖子,开豪车,装阔气。

马克思指出，资本家的挥霍，不像放荡的封建主的挥霍那样，直截了当。在资本家挥霍的背后，总是隐藏着最肮脏的贪欲和最小心的盘算。因为他不得不去盘算，才能使挥霍和积累一同增加。这还真是资本的不幸，是辛酸的无奈！

说资本不幸、辛酸，显得有些矫情。资本的生产毕竟"创立了一个享乐世界"，少数的人格化资本把节欲放在一边，他们可以去享受了，现在只是如何享受的问题，是晒富，还是参加盛宴，是搞慈善，还是去玩有钱人的游戏？

3

在讲述作为资本人格化的资本家的"幸福生活"后，马克思要讲述作为劳动力人格化的工人的状况。鲜明的反差出现了，一个在天上，一个在地下。马克思要说明，为什么同在一个社会中，人与人的差距怎么会那么大呢？

马克思为此引入了资本构成的概念，来研究资本的增长对工人阶级命运的影响。资本的构成，就是构成资本的不同要素所占的比率。

七、积累的真相

从价值方面看,资本构成是不变资本和可变资本的比率,即生产资料的价值和劳动力的价值即工资总额的比率,马克思将这种构成称为资本的价值构成。

从生产过程中发挥作用的物质方面看,资本构成是所使用的生产资料量和必需的劳动量之间的比率。马克思将这种构成称为资本的技术构成。

从一个国家的资本构成来看资本积累,无怪乎有两种情况:第一种情况是资本构成不变时的资本积累;第二种情况就是资本可变部分相对减少时的资本积累。

在资本积累的初始阶段,资本积累仅表现为资本的量的增长,生产资料的增长总是伴随着使用生产资料的劳动的增长。资本的构成因此是不变的,为了实现一定量生产资料的运转,需要同等量的劳动力。

这个阶段是工人的黄金时代。因为对劳动的需要,会按照资本增长的比例而增长。而跟着资本增长的脚步,工人也同样能获得更高的工资。

工人工资的增长,改善了工人的生活条件,但马克思提醒：吃穿好一些，待遇高一些，特有财产多一些，不会消除奴隶的从属关系和对他们的剥削。同样，也不会消除雇佣工人的从属关系和对他们的剥削。

不要忘了，劳动为鱼肉，资本为刀俎。生产剩余价值或赚钱是资本的绝对规律，资本肯定要保证劳动不断被出卖，财富不断地再生产出来，这决定了劳动价格的提高不可能妨碍到资本统治的扩大，不可能危及到资本关系的扩大再生产。劳动的价格，完全在资本的掌握之中，完全服务于资本的积累。

实际上，这个阶段，正是资本追求规模扩大，追求量的积累，追求让更多人进入到工人行列的阶段。它现在需要工人人口的增长，它要让工人先尝到甜头。

资本积累进入到新阶段，社会劳动生产率的提高成为积累最强有力的杠杆，大机器的使用、大规模的协作、有组织的劳动分工成为最主要的手段。

资本积累出现了两种形式，加速了资本技术构成的变化。一种形式是资本积聚，一种形式是资本积累。资本积聚和资本积累并无本质不同，只是说明单个资本聚集的财富数量不断增多，对生产资料和劳动的支配权不断增长。

资本集中说明的是，不同资本互相排斥、互相吸引，导致一些资本被更大的资本所吞并，从而促成了更大资本的出现。资本集中可以说是资本内部弱肉强食的过程，是大鱼吃小鱼，小鱼吃虾米的过程。

资本集中形成超大的资本量，显示出强大的能量。马克思很看重它的价值，举了一个例子说明了资本集中的作用：假如必须等待积累使某些单个资本增长到能够修建铁路的程度，那么恐怕直到今天世界上还没有铁路。但是，资本集中经过股份公司转瞬之间就把这件事完成了。

看到资本集中的作用，也不能忽略它存在的问题。正如不能一看到铁路，就以为自己也获益匪浅。即使铁路给所有人便利，你也要看到，人人都能坐上火车，但并不是所有的人都舍得去坐高铁。

从资本集中中获益的可能只是少数人，而不是全体人。几家欢乐几家愁，有人欢喜有人忧。因为资本集中是资本的集中，它不是所有社会之人的集中。

　　资本集中扩大和加速了资本技术构成的变革，用少量的劳动就可以使用相对较多的生产资料进行生产，从而减少了对劳动的相对需求，从而减少了可变资本组成部分的比例，从而也就降低了工人的工资。

　　现在，追加的总资本还是增加，其中用于生产资料的不变资本，用于劳动力的可变资本也都在增加，只不过不变资本增加的速度更快，可变资本增加的速度降低，导致可变资本在追加的总资本中的比率降低。

　　这预示着，工人最美好的时光过去了。工人被利用完了，现在不需要了。资本过河拆桥，卸磨杀驴，它只需要较少的工人，利用机器和协作来积累。这是资本积累的规律。

　　资本的积累，带来的新情况是：较大的可变资本，无须招收更多的工人就可以推动更多的劳动；同样数量的可变资本，用同样数量的劳动力就可以推动更多的劳动；用较低级的劳动力，就可以干较高级的劳动力所干的事情。

七、积累的真相

一个悖论出现了，资本的能力在增强，大规模生产在日益扩大，工人人口却过剩了。一边是大肆生产，一边是人口过剩，这就是资本主义生产方式特有的人口规律，即资本积累的人口规律。

过剩的工人人口，是资本积累的必然产物，而且这种过剩人口的存在，反过来又会成为资本积累的杠杆，成为资本生产方式存在的条件。

因为过剩的工人人口，形成一支可供支配的产业后备军，它绝对地从属于资本，就好像它是由资本出钱养大的一样。它的存在，会迫使就业的工人不得不从事过度劳动，听从资本的摆布。

这里又是一个恶性循环，存在后备军队伍，就业工人压力增大，不得不从事过度劳动，就业工人过度劳动，又会使一部分人无事可做，从而扩大后备军队伍。所以，马克思说，这是资本的致富手段。

如果马克思是对的，我们就能理解为什么就业是现代社会解决不了的难题。因为资本的生产方式，是建立在有人失业、有人过剩的基础之上的。所以，它只能不断地提出要解决就业，但不会真的去解决就业。

工人的生存状况，会随着资本的积累而恶化，于是马克思引申出资本积累的贫困规律：在一极是财富的积累，同时在另一极则是贫困、劳动折磨、受奴役、无知、粗野和道德堕落的积累。

有人说，现代社会的发展没有马克思所预想的那么坏，工人的生活一直在不断地得到改善。马克思因此是错的，他不该把未来想象得那么凄凄惨惨戚戚。

现代社会的进步，不足以推翻马克思的结论。马克思的观点是，资本的积累如果毫无节制地运行下去，就必然会带来"一边是大肆生产，一边是人口过剩"，"一边是财富积累，一边是贫困积累"的局面。如果经过工人的对抗，经过人为的努力，资本的积累受到遏制，就必然会带来新的局面。

马克思肯定会认同，资本生产、资本积累的合理操控，会给社会带来进步。马克思想说的是，失控的资本积累必然会带来贫富分化的二元社会，而且是富人恒富、穷人恒穷的社会，或者是富人更富，穷人没那么穷的社会。

资本积累注定无法解决两极分化、贫富差距的问题，这是资本主义生产方式的必然，因为它必须让一部分人成为资本家，一部分人成为劳动力。如果能够合理地解决这一问题，实现人与人之间的公平，这种生产方式就不再是资本主义生产方式，这个社会就不再是资本所主导的社会，人类社会就走出了资本阶段。

4

在《资本论》临近结束之际，马克思要揭开一直没有揭开的最大秘密了。那就是资本究竟如何来到世间，如何登上历史的舞台？

这真的像一部电影的结尾，大坏蛋所有的犯罪证据终于被找齐了，它的丑事最终将被公告于天下。原来衣冠楚楚、光鲜亮丽的资本，这个现代社会的主导者，这个备受吹捧的偶像派，竟然是如此地无耻。

马克思是依靠原始积累理论来揭示的。货币占有者购买劳动力和生产资料，货币转化为资本，在生产中创造剩余价值，再用生产出的剩余价值变成资本，购买劳动力进行资本积累，以此循环往复。这个过程就像没有入口、没有出口的循环。这一循环的开端在哪里？货币占有者最初的货币来自于哪里？资本的"第一桶金"怎么得来的？

马克思反对田园诗般的幼稚的故事。说很久很久以前，有两种人：一种是勤劳的、聪明的，而且是节俭的；一种是懒惰的，他们是消耗掉自己一切甚至消耗过了头的无赖汉。第一种人积累财富，第二种人则越来越穷。后来占大多数的懒人无论再怎样劳动，也只能贫穷下去，少数富有的人因起初的勤劳，现在不需要劳动也能保证财富的增加。

神学中的"原罪"故事说明，人类为什么会有罪，是因为亚当吃了苹果。这种政治经济学中的"原罪"故事则要说明，大部分人为何会受罪，为何要拼死拼活地劳动，是因为他们曾经的懒惰。

资本的到来绝不是如此，绝不是用某些人的勤劳与某些人的懒惰能解释的。马克思引用了歌德的《警句般的回答式的教义》，内容是关于小学教师和孩子的一段对话：

> 小学教师：想一想，孩子！这些礼物是从哪儿来的？
> 孩子：唉，你不可能自己就有的。全是爸

爸给的。

小学教师：你爸爸是从哪儿来的？

孩子：祖父给的。

小学教师：确实如此！那么你祖父是从哪儿来的？

孩子：抢来的！

之所以选择孩子的话，马克思应该意在表明，童言无忌。揭穿皇帝根本没穿新衣，要靠孩子的真话。

马克思要讲的"原罪"故事是，资本的原始积累，是建立在征服、奴役、劫掠、杀戮的基础之上的，是建立在暴力之上的，是用血和火的文字载入人类编年史的。

资本的原始积累，就是资本的历史起源，就是创造资本关系的过程，它就是要让一部分人成为资本家，让直接生产者同自己的生存资料分离，成为自由地可以支配自己劳动力的劳动者。

对农民的土地的剥夺，形成全部过程的基础。资本的原始积累是摧毁农村，消灭农民的过程。因为分散的农村土地，大量的农民，是资本发展的最大障碍。让农民失去生产资料，成为自由的资本的雇佣劳动者，成为工人阶级的成员，才能确保资本关系的确立。

在这个过程中，国家权力起着推波助澜的作用，它采用剥夺方法、残暴的恐怖手段，侵吞本来的国有土地、公有土地、农民自己的土地，把封建财产转化为现代私有财产，使土地与资本合并起来。

资本原始积累的暴力是必然的，"暴力是每一个孕育着新社会的旧社会的助产婆。暴力本身就是一种经济力"。如果说滔天罪恶常源于伟大观念，那么伟大进步常伴随沉重代价。

苦难辉煌，没有大部分人的苦难，就没有资本的辉煌。所谓一将功成万骨枯。资本关系的确立，让人必须经受这种苦难。这是历史进步的需要，这是走向工业化、城市化、市场化、文明化的需要。

任何国家的资本积累都是如此，农民注定成为悲剧。但我们只能从感情上表示同情，从历史发展进程上，要承认这是必然。

这是阵痛，这是必要的阵痛，就像小孩子要经

七、积累的真相

过无数次发烧,才能长大,社会可能也要经过无数次阵痛,才能进步。

资本的原始积累不仅仅是对本国农民的摧毁,还有对其他国家的征服。在《资本论》的最后一章,马克思评析了现代殖民理论,认定现代殖民是资本原始积累的必要构成部分,是资本走向世界不发达的各个角落的过程。

现代殖民更是以最残酷的暴力为基础,美洲金银地产的发现,土著居民的被剿灭,对东印度的征服和掠夺,把非洲变成贩卖黑人的场所,无不说明,"资本来到世间,从头到脚,每个毛孔都滴着血和肮脏的东西"。如果要拍电影,这个环节一定要用大场面,一定要拍出波涛汹涌、腥风血雨的气势。

马克思提醒:今天出现在美国的许多身世不明的资本,仅仅在昨天还是英国的资本化了的儿童血液。

马克思看待人类社会历史进程的态度是冷峻的,他反对那种田园诗般的历史想象,他不想让人很傻很天真,他要让人去保持必要的警醒。

对资本的田园诗般的想象，并不是不存在于我们心中。看到欧美资本所带来的社会文明，可能我们早已忘掉曾经的资本给全世界带来的苦难。马克思的提醒是，不要"好了伤疤忘了疼"。沉浸在西方资本世界的繁荣、高谈阔论欧美进步的人，应该想到资本原始积累曾经的罪恶。

当然，这是对历史的态度。不以田园诗般的想象看待资本的原始积累，还有现实的价值，那就是让我们时刻提防资本生产、资本积累可能带来的危害。资本积累实际上在延续着原始积累的事业，只不过它把赤裸裸的剥夺变成了隐形的剥夺，采取的形式更加公平、更加合理、更加隐秘。

5

描述完资本原始积累的历程，现在总算可以全面讲述资本的来龙去脉了。在最后的部分，马克思进行了总结，并对资本积累的历史趋势进行了展望。

他指出，资本的原始积累，其实意味着一种旧私有制的解体，一种新私有制的开始。

七、积累的真相

原始积累之前的私有制是劳动者个人的私有制。劳动者享有对生产资料的私有权,劳动者与劳动条件直接结合。劳动者个人是自由私有者,比如农民是自己耕种土地的自由私有者,手工业者是自己运用工具的自由私有者。

这种生产方式是以土地和其他生产资料的分散为前提的,它排斥生产资料的积聚,排斥协作,排斥同一生产过程内部的分工,排斥对自然的社会统治和社会调节,排斥社会生产力的自由发展。

所以,它必然随着生产发展到一定程度而被消灭,而且是从它内部产生出消灭它自身的物质手段。

对生产方式的分析,对经济制度的分析,对社会形态的分析,马克思总是坚持从内部矛盾着手。他确定,消灭一种社会形态的力量,也一定是来自这种社会形态的内部。

资本的原始积累,采用的方式是对直接生产者的土地、生活资料、劳动工具的剥夺,而且这种剥夺是用最残酷无情的野蛮手段,在最下流、最龌龊、最卑鄙和最可恶的贪欲的驱使下完成的。

资本私有制的出现，形式上是个人分散的生产资料转化为社会的生产资料，实质上则是多数人的小财产转化为少数人的大财产。形式上是个人的生产劳动转化为社会化的生产劳动，实际上是大部分人的生产劳动转变成由少数人主宰的生产劳动。

资本的私有制与之前的私有制，虽然都是私有的，但本质不同。前一种私有制，以生产者自己的劳动为基础；后一种私有制以剥削他人的劳动为基础，它与前者直接对立，而且是在前者的坟墓上成长起来的。

资本的私有制注定不是永恒的，它也会被代替。代替它的是社会所有制，是真正的个人所有制。

资本的私有制的终结，是遵循资本积累的内在规律的表现，它通过资本的集中来完成。资本集中必然带来生产的社会化，其趋势是：劳动过程规模不断扩大，协作形式日益发展，技术应用越来越科学，土地日益被有计划地利用，劳动资料日益转化为只能被共同使用，等等。

最根本的是，资本集中追求极限，在一个生产

七、积累的真相

部门,它力求使全部单个资本融合为一个单一资本;在一个社会,它力求使社会所有的资本合并在唯一的资本手中。"唯一资本"出现,只要它不再属于某个人、少数人,而是被社会所占有,资本就走到了极限。

资本集中带来抵抗力量的强大,随着贫困、压迫、奴役、退化和剥夺的程度不断加深,工人的对抗意识不断增长;在资本的社会化大生产中,工人被训练、联合和组织起来,工人的对抗力量不断增强。他们必定推动着政治统治力量代表他们的利益,必定推动着社会走向更加公平的方向,必定推动着"唯一资本"属于社会,属于社会中的每个人。

生产的社会化,工人意识的觉醒,工人力量的增强,绝不会允许生产是资本的生产,财富是少数人的财富。他们要让生产资料社会化,要让财富实现共享。这个时候,可以宣称,资本主义私有制的丧钟就要敲响了。剥夺者就要被剥夺了。

资本主义生产由于自然过程的必然性,也由于新生力量的主体性,造成了对自身的否定。这是否定的否定。第一个否定,是资本的私有制对以个人劳动为基础的分散的私有制的否定；第二个否定，即否定的否定，是以社会的生产经营为基础的社会所有制对资本的私有制的否定。

否定的否定，不是重新建立私有制，而是要在资本生产、资本积累、资本集中取得的成就的基础上，进一步扩大社会化生产，实现生产资料的共同占有，重新建立真正的个人所有制。

未来的社会所有制，不是离开资本生产的空地重建。资本运作的逻辑本身，恰恰蕴含着社会所有制的细胞。人们只需要做的就是，赶快摆脱资本的操控，实现对它的合理运用。

推进社会发展，不要动不动就与过去"分手"，为了所谓的新世界，就去彻底炸碎旧世界。社会发展是需要延续的，是要遵循前人栽树、后人乘凉的原则的，如果后人总是把前人栽的树给砍掉，注定找不到乘凉之地。

未来的社会所有制的社会将是什么样的呢？让我们回到故事的开头，回到《资本论》的第一章，马克思设想了一个"自由人联合体"。

它的图景是美丽的：自由人用公共的生产资料

七、积累的真相

进行劳动，并且自觉地把他们许多的个人劳动力，当作一个社会劳动力来使用。

劳动时间进行有计划的分配，人们同他们的劳动和劳动产品的社会关系，无论在生产上还是在分配上，都是简单明了的。

这个联合体的总产品是一个社会产品，产品的一部分重新用作生产资料；另一部分作为生活资料，由联合体成员来消费。

社会生活过程，即物质生产过程，作为自由联合的人的产物，处于人的有意识、有计划的控制。人们揭开社会生产的神秘的纱幕，终于能够主宰自己的命运，成为社会的主人。

马克思承认，这个自由人联合体的实现，需要有一定的物质基础或一系列物质生存条件，而这些条件本身又是长期的、痛苦的发展史的自然产物。

马克思以冷峻的眼光看待社会发展，却总是抱有唯美的梦想。哪怕面对再严酷的现实，也不能没有梦想，这是马克思彰显的最重要的精神气质之一。

面对不尽如人意的现实，我们也要保留这种对未来的想象，社会之人需要的是，唯物的存在，唯心的活着，唯美的梦想！

结语　未来的想象

一个伟大的思想家，总要给自己找到一个对手。这个对手不能太弱，因为太弱的对手，即使你战胜了他，也不会显得自己有多伟大。

马克思是伟大的思想家，因为他找到了强大的对手，这个对手，就是人自己所创造出来的资本。而这个资本，也是我们这个时代的对手，我们这个时代挥之不去的幽灵。

马克思描述了资本的一生，揭穿了资本的秘密，似乎也无情地告诉了我们一个事实，我们被自己亲手创造的资本，给绑架了。他要让人警醒，成也资本，败也资本，资本给人类社会以繁荣，也同样会给人类社会以摧残。

马克思早就觉察到，资本的力量惊人，它一定会冲破地域的限制，从英国走向欧洲，从欧洲走向

结语 未来的想象

全球，任何试图抵挡它，试图将其拒之门外的做法，都注定难以奏效。

资本按照自己的意识、自己的节奏、自己的规则，让一切坚固的东西都烟消云散，它要摧毁旧世界，重新塑造一个新世界。它摆脱了国家力量、各类机构的控制，不再受任何现实力量的支配，成为全球化时代的主宰。

资本重构全球网络，让所有国家和地区都成为这个网络的节点；它打造一个链条，让不同的民族都成为这个链条中的一环。

资本不仅进行着地理学意义上的广度空间扩张，而且还进行着人类学意义上的深度空间扩张，它不仅要占领地理空间，在显性空间横跨全球，它还要制造隐形空间，让政治、社会、文化、生态、思想、意识、道德、信仰都打上它的烙印。

面对资本的力量，套用马克思的话，我们只能说，一个幽灵，一个资本的幽灵，在全世界徘徊。

资本的逻辑很简单，就是投入更多，获得更多，再投入更多，再获得更多，无限制地自我增值，不懈地追逐利润，不间断地积累财富。

资本必须不断扩张，这是它不至于崩溃的前提。而资本的发动机一旦启动，它就难以熄火。它需要像滚雪球般地不断滚大，它绝对不能停止滚下去，越小越容易被溶化，越大就越可以保持足够长时间，甚至永恒的冰封凝固。

这套逻辑，可以无限刺激人类的创造性，无限挖掘人的有限的时间，无限激发出人的各种潜能，它让人们永不停下进步的步伐，它赋予人类以足够的自信心，它给人带来像泉涌般的数不尽的财富。

就这样，资本改变了世界。接下来的问题是，资本可能失控了。

资本永不眠，它是一部自动运转的扩张机器，它永不休止，它毫无止境。人类劳动被集聚在资本的增长机器下，人的需要、人的能力、人的理想等等一切的一切，都必须服务于这个增长机器。一切倒转了，一切颠倒了！

资本可能给社会带来对抗。资本为利润而追逐，为了利润，它可以挑战劳动者的体力极限，可以制劣售假，可以制毒贩色，可以摧毁社会的伦理规范，可以舍弃诚信于不顾，可以不讲任何社会责任，甚至它会使人之间"易粪相食",导致"人人受害、人人害人"的互害社会。

资本本身是对抗的,它改变不了它的对抗性,资本每到一地,就把对抗、矛盾同时带进去,它把人与人的关系定位在拥有大量财富的少数人和拥有少量生活资料的大多数人的关系上,它让少数人占有本该社会共享的资源,让贫富差距、两极分化成为无法破解的难题。

资本可能使权力沦为附庸。资本需要公权力为其护航,它因此敲开了政治的大门,把政治拉下神坛。资本的可怕之处就是让政治服务于它,又不让政治力量来掌控它。它会俘获公权力,让自己成为公权力背后的"垂帘听政者"。

资本会把公权力当成一种商品,当成一种能够获取更多利润的商品,导致公权力拜倒在资本的石榴裙下,失去了其公共性,从而成为社会问题滋生的根源。权力的资本化与资本的权力化已经是社会的顽疾,资本与权力的勾结所形成的特殊利益集团的存在,更是难以触动的坚石。

资本可能把自然踩在脚下。资本带来的是人和自然的对抗，带来的是人亲手破坏自己的环境，它甚至完全可以翻"天"覆"地"，只要利润可观。资本是无限的，自然是有限的，无限的资本扩张从有限的自然中挖掘财富，这是生态危机的根本原因之所在。

资本逻辑是不可能解决环境污染、生态破坏问题的，资本对自然的摧残已经难以矫正，尽管我们已经意识到生态、自然、环境存在的巨大问题，但却很难阻止资本前进的步伐。已经意识到有问题并不断重复问题的重要性，却又不能去解决问题，或者想去解决却又有心无力，正是这个时代的悲哀。

资本可能把人变成"资本人"。人创造资本，资本改造人。资本的幽灵时隐时现，不断浮现，它走进了人的内心世界，让自己成为人顶礼膜拜的对象，让自己成为这个时代的偶像。

它与粉丝若即若离，它只要他们的掌声，只要他们的鲜花，它只能给少数的粉丝回报，只能让大多数的粉丝失望。但它还是获得了广泛认同，它就是有一种魔力，就是有一种神奇，谁让它是偶像呢？

结语 未来的想象

这个残缺的偶像，深深地影响着粉丝。粉丝成为"资本人"，这种"资本人"看待社会问题，做任何事情，往往是从有没有利润、有没有利益、有没有好处、有没有钱、有没有实惠的标准来思考。忙碌于占有更多的钱，用更多的钱再生更多的钱，永远没有钱多的时候，成为这种人的日常生活方式。

欲望无止境，正对应利润无止境、对应资本扩张无止境。"资本人"居住在资本所创造的海市蜃楼中，自愿加入商品拜物教、货币拜物教、资本拜物教这些"邪教"，并心甘情愿成为听任其摆布的"教徒"。

马克思是对的，我们陷入到资本的怪圈之中，竟然难以脱身。人真是太能了，无所不能，它竟然能创造出资本，但它真是太能了，有可能会把自己能死。人创造出的资本，会摆脱人类的操控，最后把人操控，这就像影视剧中出现的故事，人制造出克隆人、机器人，最后它们却反攻人类。

有可能，马克思已经预测到自己会遭遇的当代困境，他意识到可能会击败不了资本这个对手，反而会败在它的手下。人们会忘记他以及他的思想，英雄落幕，思想悲催，马克思的当代境遇，被物欲所吞噬，被无知所侮辱，足可以让他扼腕叹息。

在今天，我们有必要提出一个口号，那就是"保卫马克思"。

保卫马克思，绝对不是一种哗众取宠的雷人之语，因为我们绝不是为了保卫马克思而保卫马克思，保卫马克思，归根结底就是要保卫社会。

英国著名学者伊格尔顿，在《马克思为什么是对的》一书中，根据马克思的分析，得出了一个结论：如果我们现在不采取行动，资本主义就是我们的末日。

在一次去海边的旅行中，我也有过类似的看法。一对情侣沿着一个又一个小石头，爬上一个离海岸较远的高大的石头上，去拍婚纱照，新娘白色的婚纱随风飘扬，一幅浪漫的景象！

我低下头，一个念头忽然闪现，他们要是掉下来怎么办？我于是得出一个结论，这一对情侣站在这块奇峻险要的大石头上，要么是浪漫无比，辉映海天；要么是不小心坠落，危险异常。

马克思是否想说，人类社会正站在资本这个

结语 未来的想象

"大石头"上，要么无比繁荣，无限风光，要么无力回天，在生态危机、社会危机等一系列危机的无法解决中走向终结。

继承马克思的事业，对资本有所扬有所弃，才能走向更加美好的未来社会，而不是向相反的方向，一去没有回头。

保卫马克思，必须要有未来的想象。

当资本死死扣住人类社会的时候，我们更需要马克思，增加一种乐观态度，对未来社会有美丽的憧憬。

一定会有人疑惑，马克思所说的人的自由而全面发展的社会，马克思所说的共产主义社会，它还会到来吗？马克思是不是最大的空想主义者？他的预言是不是只是预言？他的梦想是不是只是梦想？

当下时代是全面怀疑的时代，当下时代是悲观的时代，一种悲观的气氛，笼罩在我们的上空。我们在资本缔造的时空中，痛并快乐着，快乐并痛着，我们相信了资本已经当道，相信了人都是自私自利的，相信了有钱走遍天下，相信了没有任何事值得相信。

我们已经黯然地接受现实，开始缺乏未来的想象。任何思想家对未来的设想，都被我们以乌托邦的名义毁灭。一切都成定局，还谈人类进步，还谈社会理想，还谈梦想成真，这不是比搞笑还搞笑的事情吗？

我们不能缺乏未来的想象，尽管未来的想象有可能只是美好的想象，是绝对不可能实现的梦想。未来想象的最大价值，也许不是说它一定会实现，不是说它能给我们的行动提供路线图，而是说它能够让我们看到现在的不足、现在的矛盾、现在的问题，而是说它能让我们有一个奋斗的目标，让我们去直面不如意的现实。

保卫马克思，必须要有资本的批判。

资本本身无所谓好坏，资本本身并不可怕，可怕的是人们往往对它没有任何的警惕，没有保持必要的反思，只是一味欣喜于它带来的繁荣，琢磨于用它如何推动一方之经济，津津乐道于它又生出更多的钱。

资本逻辑已经成为当代社会背后最强大的动力系统，在品尝资本带来的丰富果实之后，我们必须

结语 未来的想象

正视资本种下的毒瘤。

马克思提醒的是，天下本无商品，本无货币，本无资本。人类社会财富的真正源泉是自然，是劳动，商品、货币、资本只是自然物品、劳动产品外在的形式。

说得狠一点，商品的出现，标志着人对自己的劳动产品失控；货币的出现，标志着人在对真正财富的认知中迷失；资本的出现，则标志着人彻底成为价值增殖的工具。

马克思掀开了资本的底牌，在光鲜亮丽的外表之下，竟然暗藏凶险。在繁华背后，竟然危机四伏。资本像罂粟花，花开亮丽，却又生性有毒，如何克服它的毒性，保持它的亮丽，是必须要思考的问题。

如果把资本看成一个人，那这个人是复杂的，它既是好人，又是坏人。它本是以恶的形象来到世间，但又推动了人类财富的增长，它尽管问题多多，但依然想当好人，而且有机会成为好人。

人们需要给它一次机会，去改造它，让它不再是幽灵，不再徘徊在上空，让它附身显形，服务于经济社会的多面发展，服务于生产资料的社会享有，服务于社会财富的公平分配，服务于人的自由而全面的发展。

保卫马克思,必须要有切实的行动。

说说容易,行动最难。我们已经感受到资本的破坏力,但却很难回答如何去操控资本。

难回答,不能不去回答;说说容易,不能不去说;行动难,也不能不去行动。

操控资本,就要理顺人与资本的关系,以人为本,而不是以资本为本,不能把不断增长作为社会发展的唯一标识,把占有更多东西看作人的生活的全部。

操控资本,就要提高劳动主体的地位,使其在工作环境上大大改善,在财富分配上获得更多的份额,在精神层面上更有尊严,在权益权利上更有保障。

操控资本,就要严防资本对权力的俘获,坚决捍卫政治权力的尊严,打断权力与资本可能的"打成一片",保证公权力姓"公"不姓"资"。

操控资本,就要同时做大"蛋糕"和分好"蛋糕",推进生产力发展的同时,推进生产关系、经济关系、政治关系的理顺。

操控资本，就要控制资本对生态、对环境的剥夺，搞清楚人类社会的真正财富是自然，是土地，是劳动，不能为了虚拟的财富，而毁了真正的财富。

操控资本，就要严厉打击为了利润，不顾商品质量，不惜牺牲他人利益的行为。乱世需用重典，资本的贪婪没有严厉举措不足以摧毁。

操控资本，就要……

这应该是马克思给我们的启示。我们要保卫马克思，要坚持和发展马克思主义，就需要领悟他的启发，接受并践行他的建议。

后　记

我必须向这本书的读者表达歉意。

我的"谋划"是，写一部最简洁、最通俗、最有趣的关于《资本论》的小册子。这本小书，并没有完全如愿以偿，最多只能说差强人意。

有段时间，我为了我的谋划，思来想去，想来思去，结果是，我把自己想病了。那次小病，让我意识到，我可能正在完成不可能完成的任务。

因为任何一本"解读"、"导读"、"简读"、"重读"、"新读"《资本论》的书，都注定不可能全景呈现、精确展现马克思的思想，更何况我还想用风趣的语言、独到的见解、现实的关怀去打造。

马克思的《资本论》，思想厚重，非下苦功不能领悟。那些动不动就以为自己读懂马克思的人，实际上只是读懂了自己肤浅的认知。那些动不动就指责马克思出错的人，实际上只是指出了自己理解的错误。

面对《资本论》,不读,不懂,无所知,才会很轻率地去否定它;读之,懂之,有所知,就只会感叹它的伟大。这正是无知与有知的区别。

有知之人,必读《资本论》,不仅可以领略马克思几乎所有的思想精华,而且可以让自己读懂生活于其中的现代社会。

当然,心比天高,只会在思想大家面前顿感渺小。人有时最不自量力的表现,就是本来与别人差距甚大,却偏要追上别人的步伐。本来是一个尚显稚嫩的"80后"学者,却偏要想着与伟大的思想家并肩而行。

现在看,唯一值得欣慰的是,我做出了尝试,一种新的尝试。

相信读过此书以及正在读此书的人,一定会感受到不一样的写作风格,不一样的布局设计,不一样的理论发挥,不一样的问题分析。

读一本书,重要的不是去读一个错误,而是去读一个启发。对待马克思的《资本论》是这样,对待这本简述、解读《资本论》的小册子也是这样。希望你能宽容这本书的细节错误,多多读出可以启发自己的东西。

  作为作者,我希望读者能与我产生尽可能多的共鸣。但这本书一旦付梓,最有发言权的还是读者。按法国思想家德里达的话说,作者已死。我只能表达我的感谢,并准备认真聆听犀利的批评意见!

  不管怎样,我来了,我也盼望,你也能来!

陈培永

2014年7月于广州黄华园